上海校圈房揭秘

真正的本地老房子

朱亚夫　娄承浩　著

上海教育出版社
SHANGHAI EDUCATIONAL
PUBLISHING HOUSE

图书在版编目（CIP）数据

上海绞圈房揭秘：真正的本地老房子 / 朱亚夫，娄承浩著. —
上海：上海教育出版社，2020.8
ISBN 978-7-5720-0195-6

Ⅰ. ①上…　Ⅱ. ①朱…　②娄…　Ⅲ. ①民居—古建筑—
研究—上海　Ⅳ. ① K928.71

中国版本图书馆 CIP 数据核字（2020）第 117807 号

责任编辑　林凡凡
封面设计　叶茂设计

上海绞圈房揭秘：真正的本地老房子

朱亚夫　娄承浩　著

出版发行　上海教育出版社有限公司
官　　网　www.seph.com.cn
地　　址　上海永福路 123 号
邮　　编　200031
印　　刷　上海普顺印刷包装有限公司
开　　本　710×1010　1/16　印张 15　插页 1
字　　数　150 千字
版　　次　2020 年 8 月第 1 版
印　　次　2020 年 8 月第 1 次印刷
书　　号　ISBN 978-7-5720-0195-6/G·0113
定　　价　69.80 元

如发现质量问题，读者可向本社调换　　电话：021-64377165

序一

让绞圈房再现生命活力

随着上海的城市化持续发展以及城市里的建筑更新进程的不断深入，保护和发掘传统的江南建筑，探寻上海本土稀缺的老建筑资源，已引起越来越多研究学者及普通大众的关注，他们都自觉地参与到探索研究活动中。

绞圈房这类民居建筑，虽然没有石库门那样经典流传、有影响力，但也是城市历史不可磨灭的见证。本书作者娄承浩先生对上海历史建筑、街区的追寻、发掘与保护倾注了毕生的心血和感情。他数十年如一日，收集了大量资料，整理出不少珍贵档案，同时也身体力行、潜心研究、笔耕不辍。他多年前萌发研究绞圈房的想法，经过大量的探索、考证和实地调查研究，以历史的眼光去求证绞圈房在上海的存在状况，对其在历史上的发展的来龙去脉进行探索。他根据传统四合院建筑形式与居住形态在历史过程中的演变，结合上海绞圈房的实际建筑案例，总结出绞圈房是一种在居住需求上能够同时满足两三代同堂，安全性能上能够抵御倭寇入侵与其他匪患，并且具有江南水乡民居特色的上海本土老房子。

难能可贵的是，他还从绞圈房的平面布局、建造方法、空间构成、材质选用等方面，结合集成、分析、化解、归纳等方法，让这种被边缘化的老上海传统民居再现生命活力。

邢同和

上海现代建筑设计（集团）有限公司

资深总建筑师、教授级高级建筑师

序二

濒危的古民居——上海绞圈房

上海地区有一种濒危的古民居，民间俗称“绞圈房子”。它既有江南宅院围屋的外形特色，又有滨海乡土建筑的风格特色，是上海传统民居的一种类型。虽然绞圈房未见史书详载，长期以来也未被学界重视，但在上海的城郊和乡间已有二三百年的传承历史，至今风貌犹存，是极其宝贵的民居建筑遗产和乡土文化记忆。

近年来，在社会各界的推动下，上海绞圈房的独特价值被重新发现，抢救保护绞圈房也正在成为共识。

朱亚夫、娄承浩两位先生的新著是他俩多年收集、整理史料和调查研究实例的合作结晶。该书内容翔实，为广大读者了解上海绞圈房的前世今生提供了第一手资料，也记录了当代人抢救绞圈房这一上海乡土民居的探索历程。同时，该书也向世人揭示：福建有一种围屋叫土楼，云南有一种围屋叫一颗印，上海也有一种围屋叫绞圈房。

张雪敏

上海石库门文化研究中心主任

目 录

CONTENTS

导　言

什么房子是上海真正的老房子？很多人也许会脱口而出：石库门。但事实并非如此，上海真正的老房子是绞圈房。

上海绞圈房是上海传统民居的一种类型，但是长期以来并未受到重视。上海的老年居民中，知道绞圈房的甚少，中青年更是凤毛麟角。出现这种文化现象的原因，一是随着城市建设的发展，绞圈房大批消失；二是学术研究和科普书籍中关于上海绞圈房的内容几乎是空白，仅有极少数书中有所提及，更缺少专门论著。

不过，中国民居资料的内容还是很丰富。早在 20 世纪 40 年代，建筑学家刘致平先生在调查云南地区古民居后发表了论文《云南一颗印》，接着在四川地区调查古民居后又发表了论文《四川住宅建筑》。中国科学院院士、建筑史学家刘敦桢教授于 1953 年创办中国建筑研究室，他到各地调查民居，积累大量资料，于 1956 年撰写出了《中国住宅概说》。该书被称为“中国民居研究的开山之作”。刘敦桢教授梳理了中国几千年民居的发展历程，归纳了 9 种不同类型的明清民居，为民居研究做了开创性工作。

进入 21 世纪后，中国民居学术研究结出丰硕成果。中国建筑工业出版社于 2009 年 12 月出版了《中国民居丛书》，该书由各地专家和学者撰写，分为安徽、江西、西藏、北京、东北、福建、广东、广西、河南、江苏、两湖、山西、四川、台湾、西北、云南、新疆、浙江等不同卷本，合计 18 本，详细论述了各地民居基本类型、特色、成因和分布状况。此外，清华大学出版社在 2010 年 5 月出版了由陈志华、楼庆西等教授编纂的《中国古代建筑知识普及与传承系列丛书》，简称“中国民居五书”，主要介绍浙江民居、西南民居、福建民居、北方民居和赣粤民居。

我们看到中国民居的研究范畴中没有上海民居，事实上不是因为上海没有民居，而是因为上海这座城市历史上没有独立设立的州、府级行政区域。上海地区最早的城镇是畷县、由拳县和海盐县，三国时期建立华亭镇，元代才设立上海县，一直都只是县，并不是州、府。明清时期设立的华亭县和上海县均隶属于苏州府或松江府，民国时期隶属于江苏省。直至 1927 年上海才设立特别市。而江苏省地域广大，各种各样的民居种类繁多，上海民居因此被忽略。虽然 1927 年上海成立独立行政区，但上海民居的史料记载非常不完善，这使得上海民居逐渐被历史遗漏。

说起上海民居，大家第一时间想到的是石库门住宅。但实际上石库门住宅只是在清末民初出现，民初之前则没有史料记录。最初的上海是个小渔村，因市兴镇，到了明清时期已发展为江南名邑。上海地区居住人口由靠海谋生的渔民、盐民、农民和市镇形成后的小手工业者、小商人以及达官富商组成，民居形式归纳为农民住宅、镇民住宅和地主富商住宅。

真正的上海民居俗称上海本地房，外观形态以一字形、曲尺形、门字形居多，还有一种口字形，体量大，常常几代人同住。它是中国传统四合院派生出来且具有上海地方特色的民居，上海民间把这种民居叫“绞圈房”。绞圈房这个名字只在民间流传而且众说纷纭，还没有学术性的定义，因此需要我们去探索、去揭秘。我们要加强调查研究，挖掘历史资料，科学地系统地论述绞圈房，以填补历史空白，为我们的城市增添一些厚重的记忆。

第一章 绞圈房溯源

很多人会好奇绞圈房的历史由来，其实它不是凭空出现，而是有着悠久的历史与演变过程。绞圈房是上海地区本地房的一种，从简易的木构架草屋至木构架粉墙黛瓦，其间不断发生变化。它始终与江南的地域和气候特征、民俗民风以及社会环境相关，是一种脱胎于中国传统四合院的地方特色民居类型。

一、北京、晋中、皖南的四合院

关于住宅的起源，在我国古代文献《礼记·礼运》中记载："昔者先王未有宫室，冬则居营窟，夏则居橧巢。"我们的先民在远古时代为了遮风避雨、躲避野兽的袭击，就地取材筑围合巢居。围合是住宅的雏形，并慢慢发展为我们祖先安身的空间。

中国建筑史学家刘敦桢教授发现新石器时代河南洛阳人类居所以圆形居多（图 1-1），用树枝、树杈、树皮、树叶和泥土做成

1-1 上海六千年前广富林遗址圆形草屋

简单人字形屋顶。出土的汉明器中也印证了当时住宅是围合式。古代名画如隋代展子虔《游春图》中的住宅也是围合式。围合式住宅不仅能遮风挡雨、躲避野兽袭击，也能为人类留出休息和交流的活动空间。

圆形平面建筑结构起源于洞穴时代，夏朝奴隶社会开始后，人类群体活动范围不断扩大，圆形洞穴不能满足活动空间要求，于是方形、长方形的四合院应运而生。西周时代奴隶主规定了严格的等级制度，住宅形制与人的身份地位相匹配。《中国建筑史》中收录陕西岐山凤雏村西周建筑遗址平面图（图 1-2），这是我国早期最具代表性的四合院布局。从平面图上看，院子中轴线上有两进院落，依次为影壁、大门、前堂、后室，两边是统长厢房。

中国民居的形制到了汉代已基本定型，四合院成为通行的建筑形式。贵族宅第一般由几个四合院组成合院式，平民住宅则是一厅两厢的简屋。刘敦桢教授在《中国住宅概说》一书中说，“在时间方面，四合院住宅最少已有 2000 年的历史”“对称式平面与封闭式外观是这种住宅的两个主要特征”“随着各地区的自然条件与风俗习惯产生各种各样的平面点面，所以它的规模与内容自然占据中国住宅的首要地位”。著名建筑学家刘致平先生在四川广汉县发现富农住宅也是四合院形制——“在平面上具有明显的中轴线并沿着略近方形的院子建造房屋，而且将主要的大门与祖堂客堂置于中央部分，其余房间采取左右对称方式”。

由此可见，四合院最适宜百姓居住，用现在的话来说是“宜居民居”。它规模可大可小，符合中华民族民俗和大家庭理念，所有亲戚朋友都可相聚在一起；它可分可合，组合灵活，无论是经济条件一般的百姓，还是富甲一方的豪绅都喜欢。因此四合院

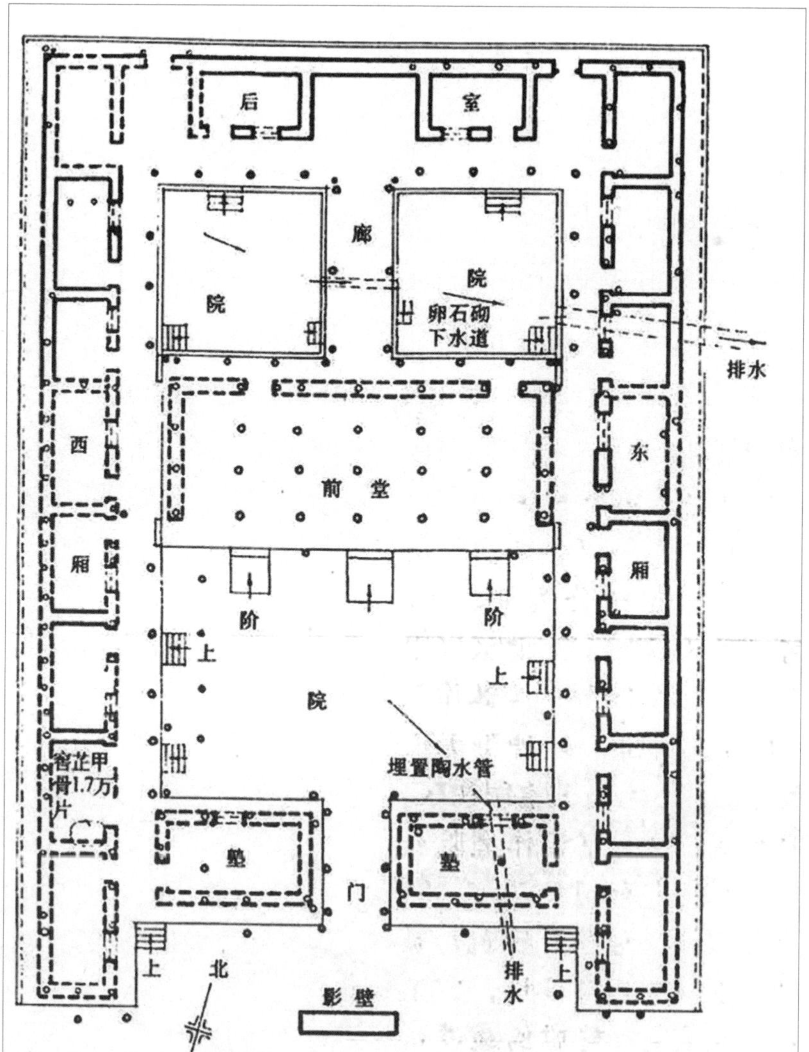

1-2 陕西岐山凤雏村西周建筑遗址平面图

又是中国民居中最普遍、使用历史最久的住宅形式。

四合院民居在我国许多地区都可见到，尤其是在长江之北的广大区域。我们且以最具代表性的北京、晋中、皖南三地的四合院举例说明。

1. 北京四合院

明清时期华北地区四合院以北京四合院为代表（图 1-3），它的形制和布局不仅反映了封建社会的等级差异、宗法制度及道德观念，而且在功能上蕴含着中国传统思想文化和哲学思想，住宅严格区别内外，讲究对称与尊卑有序，对外隔绝，自有天地。

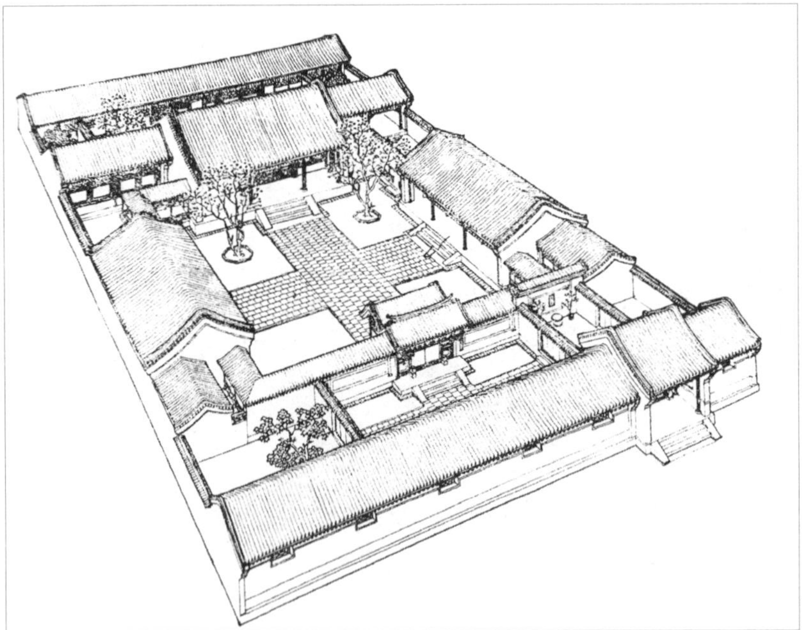

1-3　北京四合院

◎ 形制

北京四合院面南背北，总体呈长方形，四面围合院子，由正房、东西对称的厢房和南面的倒座房组成，大门设在东南角。常见的四合院有一进、二进、三进和四进，“进”是纵向串联关系，“跨”是横向并联关系。四合院四个边角，正合阴阳八卦方位，“四合”寓意天圆地方。

四合院都是一层的平房，屋顶以硬山顶居多，上铺青瓦，地面则铺方砖（图 1-4）。四合院的大门，一般民居只占倒座房一个开间，只有王公贵族的宅第大门才可占据三至五开间不等（图 1-5）。四合院大门叫“垂花门”，门上檐柱不落地，悬在中柱穿枋上，下端雕刻垂花花瓣，垂花门的檐下多绘重彩图案装饰。有地位的人家有两个到四个门簪，这些断面六角形因似古代妇人发髻上的簪子，所以叫“门簪”。普通居民家门框上方无门簪。有身份的人家在门外两侧设石质门墩，石墩上雕刻兽面图案，寓意辟邪和吉祥。圆形的门墩称“抱鼓石”，用于武官；方形的门墩称“方鼓子”，用于文官。门扇都是双扇实木门，门扇上设一对铜质的门环，称“铺首”。

◎ 影壁

有小部分人家的影壁设在大门外，有一字形和八字形两种形状，均是大户人家才拥有的。大多数人家的影壁设在四合院的大门内，迎门而建，大门内设一堵砖墙，砌贴着石雕或砖雕图案。影壁的功能是遮挡外人视线，以保证居住的私密性。

1-4 北京四合院

1-5 北京四合院正立面

◎ 倒座房

倒座房是四合院最前一排的房屋，坐南朝北。它的布局一般是从东到西依次设大门、待客室、私塾。因房间门窗都面向内院，与正房相对，因此取名为“倒座”。

◎ 正房

正房是四合院主屋，一般设有三至五个房间。正房体量比厢房、耳房高大，中央明间为厅堂。厅堂是祭祖和家人集聚的地方，次间或者稍间为卧室。屋前设外廊，有的外廊有柱子，有的则没有，外廊的作用是遮阳挡雨。普通人家的四合院，正房就是一般的客堂，但王公贵族家的四合院正房则称“正殿”。

◎ 厢房

厢房是正房两侧东西向次屋，体量要矮小些，大多厢房不设外廊，只有少数规模很大的厢房才设。厢房可与正房前后外廊连通，东西厢房为小辈居住，厢房的屋脊不得超过正房。

◎ 后照房

后照房是四合院后院最后一排房，也称“后罩房”。地位和倒座房类似，只是因为它的位置在后侧，所以方向与倒座房相反，房间门窗都向着内院，私密性最好，适合女眷居住，也有用作佣人房和仓储房。

2. 晋中四合院

中国古建筑风格分为六大派：京派、晋派、川派、皖派、苏派、闽派。除北京四合院最典型外，其他各地由于历史、地理、气候环境和民俗文化不同，具体的形式千变万化。山西、陕西等晋中地区位于黄土高原，气候干燥、土质坚硬、地势平坦，晋商曾经在这片土地上创造出一个又一个辉煌，乔家大院、王家大院便是晋中四合院的代表住宅。

◎ 形制

晋中四合院以窄长见多，与北京四合院不同的是南低北高、西低东高，并且不严限在平房。北高的房，两层到多层不等，外面筑高围墙。小型三开间民居中轴线不断延伸，大型民居中轴线概念被打破，成为大院套小院、院与院可通的建筑组群。墙身为清一色青砖，厢房屋面与倒座房一样向院内单坡，有的正房也是单坡。

◎ 乔家大院

乔家是晋商大户，其先祖乔贵白手起家，靠勤劳稍有积蓄，生意越做越大，业务有钱庄、茶庄、票号等，富甲一方。乔家人在家乡山西祁县建了一座大院（图 1-6），由 6 座院子和 19 个小院组合成大院，共有 313 间大小不同的房间，占地面积达 8000 多平方米。

乔家大院的大门与众不同，出于晋中风水一说，不设在朝南围墙中央，而设在坐西朝东的一侧。根据八卦，东、南、西、北

1-6 乔家大院

1-7 乔家宅屋

及东南、东北、西南、西北八个方位，再按房屋主人的生辰八字进行测算，最终决定大门方位。

屋面形式有人字形和单坡形，并在平屋面上覆三合土，起保温和隔热的作用。平屋面与各房相连，高低错落、弯弯曲曲。屋面上还设有更夫小屋，可俯视大院内外，起到看护的作用。单坡屋面不是一条斜线，而是中部微凹形成曲面（图 1-7），从远处望去形状极为美观。

◎ 王家大院

山西灵石王家大院的主人先祖名叫王实，原是卖豆腐为生，他精磨细作的豆腐，鲜嫩可口，生意很好。成为殷实人家后，王实教育小辈要读书识字，这也成为王家的良好家风。至明清年间，王氏家族有 42 人在朝内做官，其中官居五至二品有 12 人，一时间官商混合，家门兴旺。王家大院历经清代康熙、雍正、乾隆、嘉庆四代，其间不断扩建，用了 300 多年才修建成五巷、五

1-8　王家大院

堡、五祠堂的形制，房间千余间，总建筑面积达25万平方米。与其说它是大宅院，倒不如说它更像一座城（图1-8）。

王家大院各院落大小不一，功能各异，门廊千回百转、曲径通幽，有所谓“一关辖三门，三门通四院”之称，新意迭出，式样繁多，使人目不暇接。

王家大院因其官商结合的背景，建筑规模庞大，风格极为张扬。院门高大雄伟，东堡门最为突出，好似城门，高14米，上盖大殿，大门左右各设石狮镇威。整个院子依山坡修筑，层楼叠院、亭台楼阁、古木参差，既因地制宜地体现出了显贵之家的气势，又继承了自西周以来前堂后寝的传统宅第理念。正房、厢房与晋中大院大同小异，只是石雕、砖雕、木雕装饰和匾额更多。

3. 皖南四合院

皖南地区古时称徽州，气候温湿、土地富饶、人杰地灵，徽商是继晋商后崛起的又一个商界新秀。由于地理气候的特点，皖南地区自古以来山常青、水常绿，建筑不需要重彩装扮，素面朝天，粉墙黛瓦的淡雅风格是其一大特色。山墙顶上部分呈阶梯状，称为“马头墙”，是徽派建筑的代表符号，寓意万马奔腾、生生不息。皖南地区地处丘陵地带，耕地相对较少，许多人外出经商，其中致富者，回到家乡置地建屋、建祠堂，那些体量高大的房屋不是退休官员就是商人的宅第。

皖南地区的四合院，平面房屋四面围合，故宫博物院藏品中的隋展子虔《游春图》，图中房屋就是典型的皖南四合院。刘敦桢教授在《中国住宅概况》一书中专门收录，以《游春图》中的院子说明四面围合是沿袭六朝以来的传统方法，因为使用起来不经济，三合院应运而生。于是皖南民居中除四合院外，三合院成为基本形制。一个正厅两边厢房，围合一个天井，这是三合院最基本的单元。因为不同需求，三合院与三合院组合，三合院与四合院组合，就出现多进合院。皖南地区土地紧缺，单层被逐渐淘汰，楼房因此出现。中轴线对称布置理念继续延伸至多进合院的设计中，每一进都设正房，后进的房屋比前进的略高些。厢房与正房的相接之处采用 45° 夹角，下雨时雨水从屋面四个方向流向天井，天井内地坪略低于屋内地坪，便于聚水后流入排水孔，这在民间被称为“四水归堂”，寓意财源滚滚。

四合院的正房中央为厅堂（图 1-9、图 1-10），按传统民俗是祭祖和家族聚会的地方。皖南民居不同于北方民居，厅堂前面不封墙，门窗完全敞开，地面铺青砖以示接地气。厅堂两侧为主人的起居房，二楼私密性较强的房间为女儿房。厢房为书房和卧房，对天井部分设隔扇门窗以防风雨，与厅堂连接部分则设隔断或分

1-9 皖南四合院敞开式厅堂

1-10 皖南四合院天井

隔门窗。

二、江南民居

江苏和浙江的民居与安徽民居不同，绝大部分位于平原上。江南气候温湿，雨水偏多，形成了河流纵横交错的水乡，再加上绵长的海岸线，确实是“鱼米之乡”。历史上中原地区社会动荡、战乱频仍，多次发生大规模的南下移民潮。这些移民大多选择富庶的江南定居，使江南地区的人口迅速增加，这在一定程度上推进了江南地区的经济和文化发展。到了明清时期，这里已经成为中国经济和文化最为发达的地区。

江南民居根据自然地理条件，大多建筑依水而建，形成了许多水乡市镇。人口的集聚使得土地紧缺，因此江南民居大多占地面积较小，建筑平面布置紧凑，二层楼房较多。由于经济文化发达，民居装饰上爱用与文人雅士有关的装饰图案，四字横匾和堂屋名号的使用也较多。江南民居的木结构，大多是穿斗式，少数是抬梁式，外立面粉墙黛瓦，素淡不失高雅。富裕人家的民居，宅前有田，宅深几进，宅后有竹林，一幅江南田园风光。我们且以吴江黎里、绍兴安昌、上海松江的江南民居为例说明。

1. 吴江黎里

苏州吴江的黎里，它的历史可以上溯到春秋，有2500年历史。嘉庆《黎里志》记载：“黎里，宋时号村。建炎时，遭寇焚掠甚惨，至元始成聚落。”黎里具有深厚的历史底蕴，历史上出过状元 1 名，进士 26 名，举人 61 名，贡生 43 名。现留存明清及民国建筑近 16 万平方米，到处可见古宅、古庙、古桥、古廊棚，还有 115 条颇具特色的或明或暗的弄堂。黎里古镇有一条 1900 多米长的黎川河，毗邻而建的两岸民居，其貌不扬，但推开大门后却是别有洞天的江南合院。庭院深深，普通人家也有二三进，大户人家更是一进接着一进，有门厅、正厅、堂楼、厢楼、偏房等。知名的厅堂有寿恩堂、敬承堂、德芬堂、闻诗堂、承裕堂、德心堂、鸿寿堂、赐福堂、新蒯厅、鸳鸯厅、李厅等。厅与堂在汉代以前意义有别。关于“厅”，唐诗人刘禹锡《东厅壁记》曰“凡视事之所皆曰厅”；而关于“堂”，《说文解字》则曰“堂，当也，正当向阳之屋”。汉代以后厅堂连用，成为文人雅士的专用之辞。黎里这些厅堂（图 1-11、图 1-12），散落在各弄堂内，成为蕴藏在历史深处的珍宝。

1-11　黎里民居

1-12　黎里居民仪门

◎ 周元理宅邸

周元理（1706 ～ 1782），清朝大臣。原在黎里浒泾弄有个五开间五进的寿恩堂，匾额上的字是皇帝御笔。周元理政绩显著，多次得到皇帝御赐的“福”字，一度官至工部尚书，在告老回乡前修建了这处七开间六进的宅邸，名为“赐福堂”。赐福堂占地面积 2603 平方米，建筑面积 2862 平方米，按中轴线布局建造，前后设 3 个仪门，由于六进，备弄深达 92.9 米。进深很深，三面建筑围合，采光和通风只能依靠院子。

◎ 徐达源故居

徐达源（1787 ～ 1846），清代嘉庆年间官至翰林院待诏。但他无心仕途而热衷书画，在京城为官仅一年就告归黎里，于这三开间八进的江南三合院里，过隐居士大夫生活。他结交名流，整理文献，著书立说，吟诗酬唱，笔墨流芳。徐达源曾经修编《黎里志》，著有《涧上草堂纪略》《南北文钞》《水利节略》等著作，被誉为“黎里第一文人”。徐达源的八进大宅为狭长形，仅靠每进院子获得采光和通风，旁边的备弄深长又暗光，这是江南弄堂的特色。继门厅、客厅后，第三进是徐达源夫人吴琼仙住所，她与丈夫都是清代著名诗人袁枚的弟子，著有《写韵楼诗集》，第三进客厅即“写韵楼”。徐达源住在第五进，名为“新咏楼”，三开间一厅两厢楼，厅堂竖有四根木柱。据他后人介绍，这些木柱均是金丝楠木柱。厅堂九扇落地花格长窗一字排开，长窗裙板上雕刻着各种图案（图 1-13）。楼前为一石板天井，天井里花木葱茏，南侧矗立着一座砖雕门楼，门额四字依稀能辨，为“兰桂俱芳”。

1-13 徐达源厅堂

2. 绍兴安昌

位于绍兴西北处的安昌镇，是绍兴四大古镇之一，以植棉纺纱而闻名。安昌河道四通八达，滨河建街，棉、布、米、盐和水产品在此集散，形成民居与商市毗邻的建筑特色。小船穿梭的河流、姿态各异的拱桥、河岸边绵长的廊栅和幽深的民居，呈现出一幅粉墙黛瓦的美丽水乡画卷。安昌殷实人家民居叫“台门”(图1-14)，建筑平面沿用中国传统四合院中轴线布置，由台门、二道门、天井、堂屋、侧厢、座楼、园地等组成，根据各家家境，有三、五、七开间，纵深有二、三、五、七进。台门是绍兴地区多进合院民居的代名词，台门外是黑漆大门，石框上有石雕，屋内柱、枋漆黑色，梁、椽、门漆红褐色再加上黑色（图1-15)。绍兴人尚黑之风，来自“绍兴三乌”：乌毡帽、乌篷船、乌干菜。黑色是一种凝重色调，代表神秘和高深，给人肃穆庄重和宁静安详的感觉。现安昌古镇留存台门建筑 104 处，有陈家台门、斯干堂、宝树堂、隆盛堂、敦诚堂等。

◎ 陈家台门

陈家台门始建于清朝，主人曾是官盐运使。该建筑分东西两路、前后四进，建筑面积 2500 平方米，屋 70 余间，大多是二层建筑，现为石雕馆。

◎ 娄心田台门

娄心田（1872 ～ 1944），晚清著名师爷。其宅院临河而建，门斗简练，庭院深幽，有四进。正厅堂名为“斯干堂”，选自《诗经 · 小雅》中“秩秩斯干”，是周宣王王宫落成时的祝颂之辞，寓意世世代代延续其统治。娄心田引用这句诗，意示书香门第世代传承。现辟为绍兴师爷馆。

1-14　安昌台门住宅

1-15　安昌仪门式台门

◎ 谢家台门

谢家台门是晚清建筑，店铺与居所混合在一起，三进院落，台门、正楼、座楼，两侧东西厢房，穿斗式木架结构，硬山屋顶，因正厅“宝树堂”横匾而名之。现为民俗风情馆。

3. 上海松江

松江地区人称上海之根，境内有长泖、大泖、圆泖和凤凰山、佘山、天马山、昆山、淀山等，被誉为“三泖九峰”，吸引了许多文人墨客。东汉陆逊因功被吴王孙权封为华亭侯。此后近500年间，陆逊后代人才辈出，誉满江南。该地棉纺织业发达，唐天宝十年（751）设置华亭县。元代朝廷设松江府管辖华亭、松江和娄县。松江地区是盛产大米的江南水乡，也是漕运集散地，这里有着深厚的历史文化底蕴，留存的古民居不少。目前，松江城内秀野老街还留存一大片明清时期的江南民居。

◎ 葆素堂

葆素堂始建于明代（图 1-16），宅屋原主人是平湖县知县许嘉德，有五开间十埭九进，正厅梁架为江南特有“草架”，即“重椽复水”：前半部为两层屋面，可起遮阳作用；厅柱础为青石覆盆式，上置青右鼓形石踬，柱子粗壮，月梁厚实，曲线流畅，梁枋以云、鹤、荷、竹图案雕刻装饰。可惜宅屋曾经遭到损坏，仅留存正房和后宅楼，今用作幼儿园。

1-16　葆素堂

◎ 杜氏雕花楼

杜氏雕花楼原是清代嘉庆年间的绅士杜岭梅的宅第，四埭三进庭院式民居（图 1-17）。第三进最为出彩。走进仪门，迎面是三合院两层走马廊木结构屋。木构件、门窗雕刻着中西图案，栏杆、雀替、斗拱和月梁处均有云纹、人物、鸟兽样浮雕，槛窗和格扇用的进口凹凸玻璃及彩色玻璃（图 1-18）。目前房屋已经得到整修，成为松江非物质文化遗产传习基地（图 1-19）。

◎ 王治秋宅、袁昶宅、瞿建康宅

松江名人辈出，在原华亭老街上平列三座宅院。

王治秋宅始建于明代末年，最初的屋主不详。清代湖北知府王治秋购得此宅，他的后代将其扩建成六进宅院。抗战沦陷时因拓建马路，门厅被拆。

1-17 杜氏雕花楼仪门

1-18 杜氏雕花楼二进

1-19 杜氏雕花楼沿街房

袁昶为清代进士，进京历任方略馆、国史馆校对官，江宁布政使，太常寺卿等官职。庚子事变后，他因直谏主和，和许景澄、徐用仪等人一起被处决。后来案件昭雪，皇帝于宣统年赐予他“忠节”谥号。袁宅原为清嘉庆年侍郎赵永明宅第，为三开间七进院落，中轴线布置。第一进门厅为三开间，有 7 架楠门柱；第二进也是三开间，有 9 架楠门柱。

瞿建康年轻时是画家程十发好友，1946 年他俩在松江同台唱《空城计》。瞿建康在上海某银行任高级职员，发迹后将松江清代宅院翻建。2005 年，程十发配合松江华亭老街改造计划，亲自选点将与瞿建康宅毗连的老宅改造为程十发艺术馆。

三、绞圈房

四合院是中国民居最基本的形制。北京胡同、山西大院、徽派民居、江南宅第等各地建筑，都是以四合院这一基本形制，融合各地风俗特色所建成的建筑。上海是江南水乡，又处在东海之滨，民居呈一字形、门字形、曲尺形、口字形等，口字形除多进制庭院外，还有颇具特色的绞圈房。这些都被上海百姓统称为“本地房子”。

《中国建筑史》中只有对四合院的记述，对绞圈房并没有过多涉及。但是在上海民间，尤其在郊区，流传着绞圈房的传说。近几年绞圈房被拆得所剩无几，引起了那些热爱本土建筑历史和文化的人士的关注。

褚半农是上海地方志编写人员，主要研究吴语（上海话）。他从小长在农村，在研究吴语的时候发现了绞圈房的“绞”字的含义，从而开始了绞圈房的探索历程。2012 年 12 月他在新浪博客上发表了《极具特色的上海本地房子》一文，文章中谈了他对绞圈房的认知：“以前后两埭（即两进）的为多，并埭平列有五开间房子。居中间的叫‘墙门间’；墙门间左右各连着的一间，叫‘次间’；次间两边各连一间，叫作‘稍间’。绞圈房后埭略高于前埭，取后发之意。后埭也是五开间平列的房子，它们的名称，除中间的叫‘客堂’外，其余的房子和前埭相同。前后埭相距有 4 至 8 米，在前后稍间之间有竖向房子相连，这些房子叫厢房，把整幢房子‘绞’成一个‘圈’的民居，就是绞圈房。这种房子一幢又称为‘一绞圈’。”他除了对绞圈房的平面进行描述外，对构造也有描述："绞圈房是立帖式，七路头，骨架是全木衔接，且都使用榫卯，真正是'檐牙高筑，勾心斗角'，而窗子一式均为十楞窗。"

关于绞圈房，《上海住宅建设志·旧有住宅·古老住宅》中有这样一段文字："其平面布置以正厅或正房为中心，左右两侧是次间或稍间（耳房），正房前左右对峙建东西厢房，这种'一正两厢'组成的院子，即通常所说的三合院、四合院，凡三面有房屋的，即三合院，四面有房屋的，即四合院（郊区俗称'绞圈房'）。"《上海县志》1993 年版中有这样的记述："村舍 60 年代前，大多前有池塘，后有竹园，屋前场地，旁辟菜园。整个房舍，绿荫围绕。家有数株梅树数株桃。正屋瓦房，偏屋小屋瓦房草屋不一，都为平房，外墙打竹篱笆护墙。正房三开、五开间居多，多者达九开间。进探五柱、七柱、九柱，称五路头、七路头、九路头。开间以椽子间距计，称豁，例单数，以 11 豁至 25 豁不等。纵向坐落分单埭、二埭、三埭以至五埭、十埭，其中单埭、二埭居多。二埭以上一般为'绞圈房'。"

刘敦桢教授在《中国住宅概说》一书中，将同济大学建筑系调查的上海市四平路刘宅立面和平面图作为案例（图 1-20）。从平面图可看出，刘宅是一幢五开间的绞圈房。笔者见到资料后深感资料的宝贵，即使刘宅早已消失，但这是绞圈房的一个重要佐证。

绞圈房见于书面的研究材料非常稀少，正如褚半农所说："1983 年 2 月，我从学校调出，有幸参加上海第一轮编修地方志工作，参与编纂《上海县志》等。我撰写的有关章节中要涉及绞圈房子，为此去县、市图书馆查阅各种建筑类正式出版物，希望

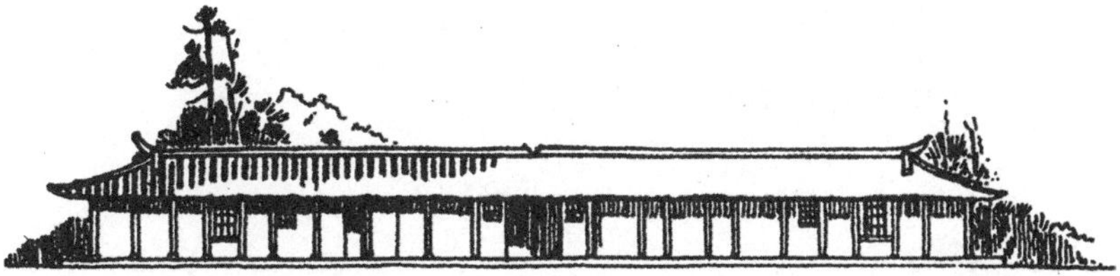

立面

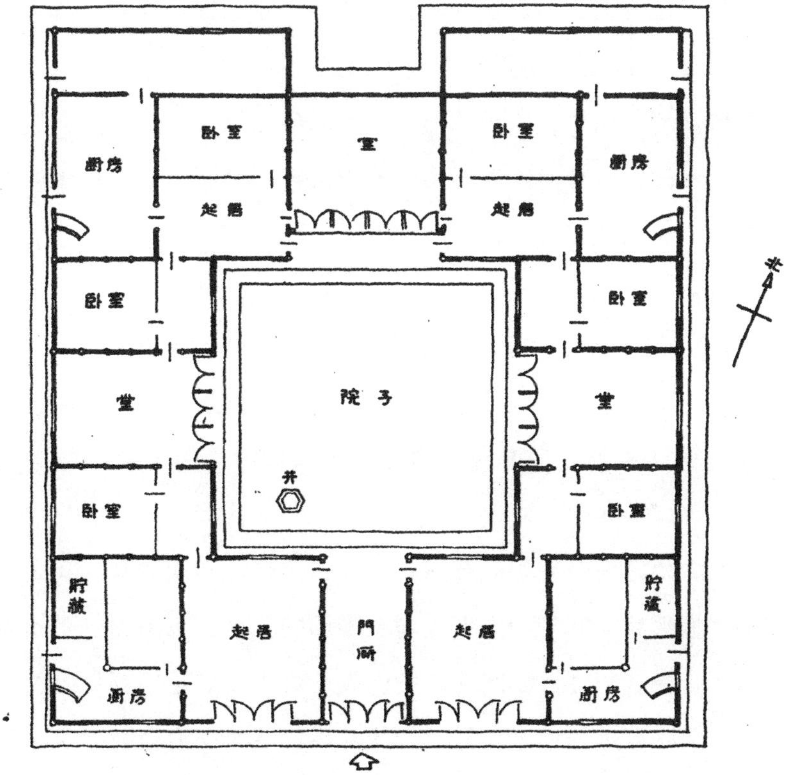

1-20 上海市四平路刘宅立面和平面图

找到有关资料作参考，事实让我大失所望。各种专业书籍里记载了上海地区曾经有过的各种建筑物，甚至连贫民窟中的‘滚地龙’也被列为一种住宅类型，但就是没有绞圈房的任何记载，连‘绞圈’二字也没有看到。”

1. 绞圈房由来

上海地区在三国时期就已经由聚落发展成自然村落。明代中叶以后经济繁荣、人口稠密，百姓住房大量出现。农民住宅大多是木构架，土砖作为填充墙（图 1-21），有的在外墙还筑一道篱笆护壁，竹篱用竹材编织成人字纹、回纹和席纹。明末清初填充墙由土砖改为青砖，砌半砖墙、一砖墙或一砖空斗墙，外墙墁上纸筋石灰，形成青瓦白墙。农户宅屋一般有三间：堂屋居宅中，左右为卧室和厨房杂间（图 1-22）。家中人口较多，涉及二代或三代，那么户型有四间堂到八间堂不等。富商和官吏的住宅，庭院深深，有二至八进不等，总体上农户、富商和官吏住宅都属于江南民居系列，都遵循中国传统民居以四合院为核心的基本形制。

上海郊区最普遍的三开间农屋呈口字形，四面绞合。我国古代的房屋形状从圆形、方形穴居至围屋的出现，都考虑到男女生活起居、来客与内人之间需有所区别，既需要满足不同程度的隐私，又要防盗贼和外来入侵，因此宅屋构造对外要密封，对内要相互间便于联络。北方四合院还有防灰土和保暖作用，南方四合院有通风、采光、聚雨水作用。

《上海风俗 · 民居建筑》中是这样描述上海本地老房子的：“直至上海近代开埠前后，本地民居都是‘人’字形结构的栋梁

1-21 嘉定马桥歇山顶民居

1-22 上海地区最普遍的一厅二厢农屋

木架，支撑着双坡大屋顶，顶上铺黑瓦。四周竖木为柱，为防江南的潮湿气候，木柱又立在圆鼓形的石础上，柱间或砌以砖墙，或仍以苇笆涂泥为墙。四周虽只以篱笆为院墙，但正对客堂的院墙入口往往修建有砖砌的门楼，门楣上镌有如‘四世其昌’‘耕读传家’‘福禄寿喜’等吉语的砖雕门匾，体现居住者的社会价值和理想。”这种“‘人’字形结构的栋梁木架，支撑着双坡大屋顶，顶上铺黑瓦”的民居，正是上海绞圈房。石础可防潮湿气候，双坡大屋顶比单坡厢房的江南民居更加能防台风。

上海随着地壳变动和海陆变迁，出现三条古海岸线。在大约7000年前的远古时代，上海地区发生强烈的地壳运动，若干东北—西南走向的断裂带涌出地面，经过长期的风化侵蚀，形成今天松江区境内的凤凰山、佘山、天马山等孤立于平原之上的小山丘，人们称之为“云间九峰”。刘惠吾教授在《上海近代史》中指出，上海地区的海岸线自东向西移至嘉定的方泰—松江—金山一线以西不远的地方。海岸线以东还是汪洋大海，唐代开元年（713），为了抵御海潮的侵蚀，军民曾修筑自月浦、宝山至北蔡、周浦和下砂的150里长海堤。南宋乾道八年（1172）又修建了自高桥，经川沙、南汇、奉城至柘林的里护塘。近海地带地势平坦、风大雨多，故当地盐民、渔民和农民都盖低矮的一层民居（图1-23、图1-24）。垦荒之初，地广人稀，朝廷以免税政策鼓励百姓到海边荒地落户，因此不需要为提高土地容积率盖楼房。

上海地区凭借优越的自然地理条件发展很快，唐宋时期的华亭县就出现“人烟浩穰，轮舶辐辏”的兴旺景象。上海在明中叶时期，商业发达、人口稠密，成为东南名邑。但是平安富裕的日子累遭倭寇骚乱，据史料记载：嘉靖三十二年四至六月，上海连

1-23 盐民的四坡顶茅草屋

1-24 浦东新区棋杆村绞圈房

续 5 次遭到倭寇大洗劫，倭寇杀人烧房掠夺财产，一半的县城几乎被烧。为了防御倭寇骚掠，同年九至十一月上海官民全心合力筑起高达 2 丈 4 尺城墙。因此筑高墙一度成了富豪士绅家宅必备的防御设施。现位于老城厢书隐楼内宅的一圈风火墙比县城城墙还高，除了防火外，还有防御功效。一般百姓宅屋，外窗开得又小又少，外面还加实木窗，就是为了抵御倭寇。郑祖安研究员在《百年上海城》一书中根据史料记载，归纳当时倭寇骚扰的罪恶行径："嘉靖三十一年（1552）夏，有倭船飘至宝山，抢掠数日，夺渔舟去。'自是遂入寇，无宁岁也。'三十二年（1553），倭寇猖狂侵犯上海。三月，寇首萧显由宝山登岸，明军'兵皆乌合''望风骇散'。四月，战于十九保连宾华侨，明军又大败。上海因历史上未建城墙，无屏障可依，知县喻显科闻风逃走。寇乘胜直趋入市，焚掠县市而去。五月，寇千余人又从太平寺竹家桥入市，'市民溃散，巨室恣其掠取，粮船泊浦上者悉被毁，满载出海而去'。接着寇北自海口，南自周浦，驾船三百余只大举入侵，'杀死兵民甚众，纵火焚庐舍及县署，邑里为墟'。八月，寇二百余人乘海船舶县北宫前，又'焚毁县宇及民房数百，而杀戮士民掳掠男女无算'。"这段史实充分证明了倭寇的猖獗，百姓的安定生活遭到严重威胁（图 1-25）。

为确保百姓生活安宁，松江知府方廉下令兴筑城墙（图 1-26）。明嘉靖三十二年（1553）九至十一月上海县军民突击筑城，整个城墙周长 9 里高 2.4 丈，设大东门、大南门、老西门、老北门、小南门和小东门 6 扇。在此前后，嘉定、青浦、松江、金山、南汇和川沙县城也先后筑起城墙，或在城墙外挖护城河，河上设吊桥（图 1-27）。城内需设防，城外民宅也同样需要设防，

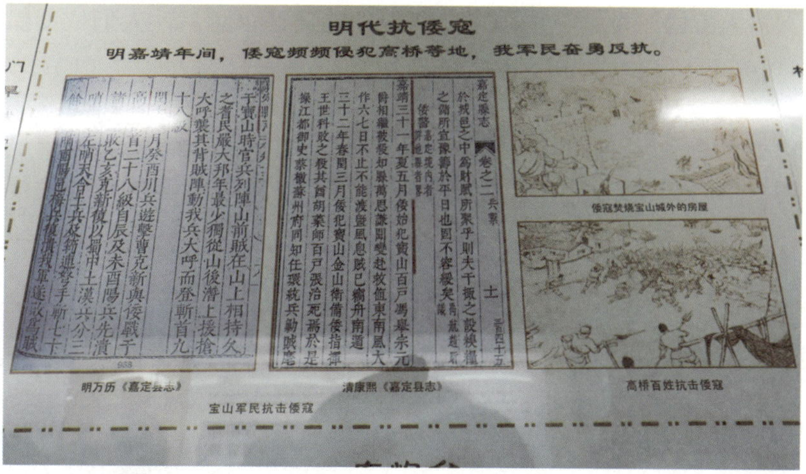

1-25　嘉定县志记载明嘉靖年抗倭寇斗争历史

1-26　川沙城墙

大户人家的防御意识增强了，所以即使倭患平息后，人们依旧保持着忧患意识。

由此可见绞圈房形成有两大原因：一是处于江南沿海位置，要抗御台风；二是由于屡遭倭寇袭击，建筑须能够防止外敌侵扰。如果不是这些原因，百姓完全可以选择其他上海民居类型。

1-27 从卫星地图看棋杆村顾宅绞圈房，四面围河的地形

2. 绞圈房定名

由于了解有限，缺乏专业人员的研究，上海本地房一直没有正式定义和名称，在民间也只是口头流传。民间人士的个人见地各不相同，同时也由于各地方言发音不同，出现不同的“绞”圈读音。据统计，有“交”“绕”“筊”“搅”“高”“窖”等近十种。那为什么最后定名“绞圈房”呢？

根据考证，迄今为止最早的一种记录绞圈房的文献出现于清光绪九年（1883）的《松江方言教程》中，由徐家汇土山湾孤儿院天主教出版社出版。书中记载：“五开间四厢房个一，绞圈房子、自备料作，包工包饭，规几好银子末，肯造个者。”这就是绞圈房名称的由来之一，也是从文献得来的定名。这里我们再提供一种名称由来——绞圈房，这里的“绞”如同上海人说的“绞链”的“绞”，其意思就是这种房子四面有房，像绞链那样，绞合而成。

云南民居俗称“一颗印”（图 1-28），同样也是一种比喻手法。以方形天井为中心，对称平面布置，山墙无窗，构成封闭住宅。一颗印的住宅基本格局是正房与左右两边厢房及倒座围合，正房左右各一间叫“三间两耳”，左右各两间的叫“三间四耳”。一颗印在湖南、扬州等地也有，有的称“铜壳锁”，有的称“印子房”。广东有碉楼，赣南有围子楼，福建有土楼，都是四面围合的民居，墙身封闭坚固，窗开得很小，这些都是为了防御盗匪。

各地有特色的民居，都有专有的俗称，上海绞圈房也一样。各地民居俗称基本能在书本上见到，但是上海绞圈房在书中却不见一点影子，这与上海的行政地位有直接的关系。上海地区历史

1-28　云南一颗印

上是华亭县、松江府，元代二十七年（1290）松江府知府奏请朝廷获准后，才设立上海县，但仍隶属松江府。民国初，上海地区还归属江苏省，直到1927年才成为特别市，隶属中央管辖。虽说行政地位对于民居来说不是影响力必要因素，但也是重要因素。正因为历史中的上海始终不是一个省级行政区域，所以绞圈房在历史上找不到相关史料。

第二章 绞圈房特征

每一种民居都有自己的特征，都深深地打上了当地民风习俗的烙印，生动地反映了人与自然、社会的关系，绞圈房自然也不例外。绞圈房作为上海地区代表性民居，虽然它脱胎于中国传统四合院，同时又有着江南民居的特色，但是它深受上海地方风俗影响，以及当地政治、文化、经济的感染。俗话说，一方水土养育一方人，其实一方水土也造就一方建筑。因此无论从建筑角度还是审美角度来说，绞圈房都有着自己的鲜明特征。

一、建筑特征

绞圈房作为一种民居类型，从建筑的角度来分析，它有三大特征。

1. 四面有房，绞圈而建

请注意，这里不仅是“四面有房”，而且要“绞圈而建”，双坡屋顶，要像绞链那样，四面之房绞连在一起。围圈而居，这是绞圈房的最大特征，从俯视图中，可清楚地看到这种特征（图2-1）。

绞圈房基本单元呈方形，第一埭中间有墙门间，两边分别是次间和落叶（稍间），第二埭中间是客堂（厅堂），两边分别是次间和落叶，在第一埭与第二埭房屋间各有东西厢房相连。四面围合的院子叫“庭心”。如果有第三埭，在基本单元上再加一个三合院，形成两个庭心，俗称“双绞圈房”。当然三绞圈乃至九绞圈房都是如此。

2-1　绞圈而建的绞圈房

2. 左右对称，庭心居中

绞圈房不论是三开间，还是五开间、七开间，乃至九开间，不论是一绞圈，还是双绞圈、三绞圈、四绞圈，乃至九绞圈，都是沿着中轴线，两边厢房和双坡屋顶左右对称，每个绞圈庭心居中的房子（图 2-2）。

庭心就是四面围合的天井，周边用石条框筑，地面标略低 15 ～ 20 厘米，与石条的厚度相等，地坪有铺方石板、乱石块、碎缸片等材料，还有用青瓦竖铺，更多是铺青砖，下角有出水孔，直通河流下水道。青砖铺地，是将青砖横竖对准，铺在刮平

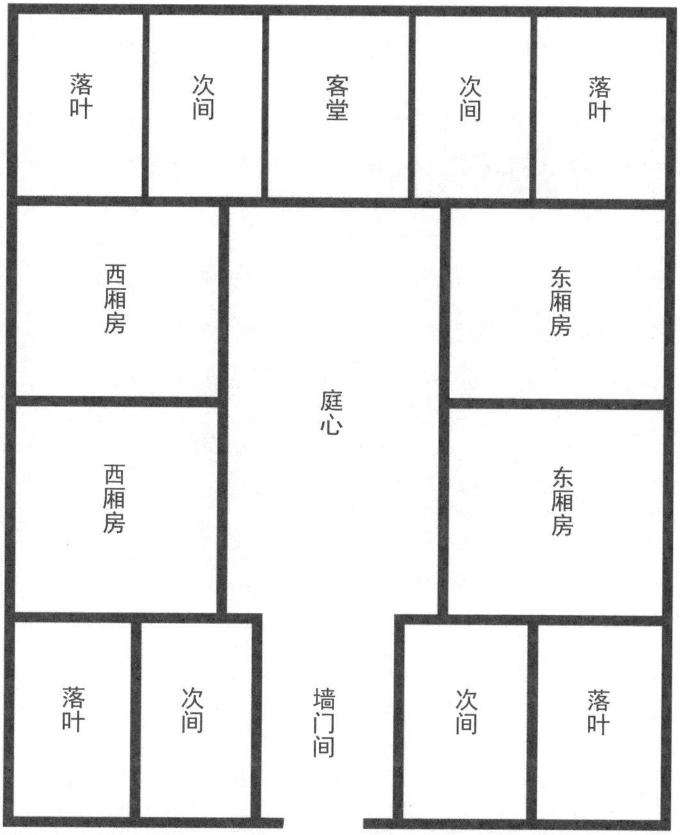

2-2 左右对称的绞圈房

的地面上，多拼成人字形，也称篾席形，其他五花八门拼法也有。庭心中央铺设“梅花”“连升三级”等图案。青砖筑地，最接地气，砖缝间长出青苔和小草，乡土气息浓郁。庭心的大小根据绞圈房面宽三、五、七开间长度距离而不同，庭心面积大小相差很大，大的庭心还可种植几棵树木，起遮阳和观赏作用。庭心使四面围合的平房能获得良好的采光和通风。农作物收下后，堆在这里晾晒，洗好衣服后也在这里晾晒。有些庭心也挖一口井以方便人们获取日常生活用水。

上海绞圈房庭心两侧的厢房都是房间，从上往下看都是双坡屋顶。而其他江南民居的厢房大多是单坡房或是廊沿和过道，因此其屋顶呈现单坡屋顶。这是上海绞圈房与其他江南民居的显著区别。

3. 特色构件，匠心独具

绞圈房除了整个建筑风格呈现出上海固有的特色外，还有一些建筑构件，也表现出上海本地特色，例如腰沓门、忽闪窗、戗篱笆、墙门间等。

◎ 腰沓门

腰沓门大多设于绞圈房的灶间（图 2-3）。据《上海话大词典·房屋结构》记载，此为“矮沓门”，解释为装置在大门外的、低矮的小门。乡间称为“腰达门”，也称“腰沓门”，因为它从门的齐腰处装置，一般为大门的一半。大门朝里开，腰沓门朝外开。这是绞圈房中常见的一种兼具实用性和艺术性的矮木门。当然，除灶间的腰沓门外，有些绞圈房的边门、穿堂门，甚至大门，也添加腰沓门。因此在沪剧《卖红菱》中，杨飞飞饰演的范凤英，听到外面叫卖红菱，唱道：“拎仔竹篮身朝外，一手推开矮沓门，移步上前客人称，啥个价钿讲我听。”（图 2-4）

腰沓门一般上下部都有装饰性的图案，或者配饰木条，或者镂空花格，这样一来，小小的腰沓门就增添了灵气。腰沓门有四大功能：一是解决灶间烟尘，灶间要做饭炒菜，难免烟熏火燎，腰沓门的设计有利于通风排烟；二是半扇门便于采光照明；三是

2-3 绞圈房子中的腰沓门

2-4 浦东阿婆趴在腰沓门上

城郊住户家中大多养有猫狗，而且还大多饲养鸡鸭，安装了腰沓门，可有效防止鸡鸭狗猫入室、幼儿乱跑；四是为了保护隐私，以空间界定的方式来强调领域感。

◎ 忽闪窗

江南民居的窗，厅堂用格棂窗，灶间一般是直棂窗。有个性特色的是绞圈房的起居室大多采用一种能移动的窗，上海人称为“忽闪窗”，也叫它“汏栅窗”(图 2-5)。“汏”(dà) 在上海话中是拖、拉的意思；“栅”，表示栏栅，就是两扇直棂窗前后叠合，外扇固定，里扇可移动。每条木棂宽约 8 厘米，木棂间空隙与每条木棂的宽度保持一致。推开里扇，前后木棂闭合，光线无法射入，屋内漆黑一片；若反方向推移，前后两扇重叠，则光线便能从木棂间隙射进，屋内自然阳光灿烂。忽闪窗的外部木棂也可做成花样，或雕刻花纹。上海人称它为忽闪窗，形象很传神——“忽闪”一下，就能开闭。除了实用的功能，忽闪窗还有审美的妙用，特别是在午后，当阳光透过窗棂射入屋内，地上斑驳，光柱晃悠，或明或暗，美丽极了！

◎ 戗篱笆

绞圈房子的外部墙面，大多筑有一层竹条斜纹编结的护墙篱笆（图 2-6)。《上海话大词典》将其称为“枪篱笆”，网上也有叫“羌篱笆”的。其实准确的叫法应该是“戗篱笆”，说它叫“枪篱笆”和“羌篱笆”是因为不了解“戗”的含义，误听了上海话的读音所致。

对于“戗”的含义，《辞海》释义有三，其中第二个意思是

2-5　忽闪窗

2-6　绞圈房护墙戗篱笆

指在外围对大堤起加固、保护作用的小堤。这里说得很明白，而筑于绞圈房外部墙上的竹篱笆之所以叫“戗篱笆”，就是运用了这一意思。这是名副其实、恰如其分的。有例为证：道光十二年（1832）二月，有“民族英雄”之誉的林则徐调任江苏巡抚，上海、宝山等地正属于他的管辖之地。道光十六年（1836）六月十四日，史载这一天，上海、宝山一带遭遇强台风侵袭，沿海塘堤多处毁坏。林则徐即令地方官立即组织修复。九月，林则徐草拟《勘估宝山县海塘工程折》上奏朝廷：“宝山江西各段塘面所筑土戗，均被风潮漫溢，全行穿缺。”这里所说的宝山黄浦江西“各段塘面所筑土戗”，是指大堤外的“土戗”，也是运用了“戗”的第二个释义。“戗”，读作 qiāng，而“羌”和“枪”正好与上海话“戗”同音，因此会被误写为“枪篱笆”或“羌篱笆”。

其实，包括绞圈房在内的上海老房子中，有两种戗篱笆：一种是上文所谈的覆盖于墙体上的戗篱笆，材质大多是剖竹；还有一种是作围墙之用，就是连同房屋之前的空地、院子一起围起来的戗篱笆（图 2-7）。《三国演义》中诸葛亮的草庐“修竹交加列翠屏”，就是把戗篱笆当作围墙用的。这种戗篱笆的材质有用竹竿的，但不少是栽种枝杨作为戗篱笆。枝杨是一种极易繁殖、生长的蕨树，它高度约有 1 米，枝干长刺，逢春疯长，叶如柳而阔，上面常生有带刺的长约 1 寸的彩色刺毛虫，人被它蜇后皮肤会红肿奇痒，因此房屋主人以此来防备外人随意进入。后一种戗篱笆在城郊常见，而前一种戗篱笆则是上海绞圈房的特点。

2-7 作围墙之用的戗篱笆

◎ 墙门间

墙门间也称前客堂，是绞圈房的特有名称（图 2-8）。是否有墙门间是区别绞圈房的一个鲜明特征。绞圈房第一埭中间的房子作为进入庭心的过道，位于同屋檐下那扇与墙面平行的大门间，人们都从这里进出。一般墙门间的宽度比客堂窄，仅作过往道路之用，也有面宽与客堂相同的，两边设木椅或竹椅作暂时休憩之地。墙门为木质门，有六扇、四扇和两扇，每扇木门上部开设漏窗。墙门可脱卸，均为棋盘门，中间两扇为白天进出所开，配门环，晚上进出则开一边侧门。绞圈房前大多有竖放的青砖铺就的空地，在靠近墙门前有一块长约 3 米、宽约 30 厘米的花岗岩石镇宅。迈进墙门间，可清晰地看到不加粉饰的砖墙立面，梁柱分明的穿斗式木构架。墙门间是通往宅内的正道，家族中碰到婚丧大事，都从墙门间进出，故一般不放家具。

2-8　绞圈房中的墙门间

二、审美特征

绞圈房建筑作为上海本地老房子，从平面看，似乎低矮陈旧，无甚特色，但只要细细观察，就会发现绞圈房不仅体形独特，而且富有美感。

1. 形如米斗，具有美感

就像福建的土楼和云南的一颗印一样，民居要从航拍的角度看，才能发现它的建筑之美，绞圈房也要居高而望，从空中俯视，方可清楚地看到“绞圈”特色。绞圈房整个建筑呈现一个巨大的米斗状（图 2-9），象征着家族日进斗米、兴旺发达。整体画面温馨和谐，是一个很有美感的建筑式样。它形如北京四合院，但在建筑风格上又异于四合院，同时比现在声名远扬的福建土楼更宽敞、更有特色。有一首诗就很好地描绘了绞圈房的特色：“鸟瞰绞圈似米斗，河边翠竹映屋秀。客堂时闻稚童声，墙门犹有庭院幽。”

2. 粉墙平房，乡土气息

绞圈房是平房，不是楼房，其基本属性是单层本地房（图 2-10）。不同于官吏富商住宅，本地房是农耕阶层的住宅，它是殷实农户和耕读人家几代人合居的住所。中国传统的家庭理念是子孙满堂、几代同堂，这在绞圈房形式的民居里表现得尤其突出。绞圈房总体布置多临河，便于农田灌溉和水上运输。大多前有小河，后有竹林，粉墙黛瓦，富有乡土气息（图 2-11）。布局形式

2-9　形如米斗的绞圈房

2-10　粉墙黛瓦绞圈房

2-11　乡土气浓郁的绞圈房

多样，在平面布置上除了厅堂、卧室、灶间外，稍间或次间放农具和农产品、柴料等物品。

绞圈房大多三开间、五开间、七开间，呈正方形的体形，一眼望去颇为壮观，屋面上排列整齐的小青瓦，似阅兵场上排列规整的士兵，整齐划一。每列青瓦椽子头上的瓦当与滴水都有蝙蝠临门、双龙戏珠和铜钱万贯等精美图案（图 2-12）。木构架大多自然本色，但也有些木雕装饰，如正梁中央菱形铁崮中有的用墨笔写上“五子登科”，房梁上也会有些许精美图案，做过官的或盼做官的住户也会在当中梁柱交接处做个“官帽翅”（图 2–13、图 2–14、图 2–15）。

3. 九宫布局，家族风情

从绞圈房的平面图来看（图 2–16），可明显看出是“九宫格”的布局。中国文化博大精深，九宫格源自《河图》《洛书》，后经《周易》《尚书》等流传下来。“九”是个数中最大数，有九重天、

2-12　瓦当与滴水

2-13　官帽

2-14　正梁边上官帽翅

2-15 月梁上官帽翅

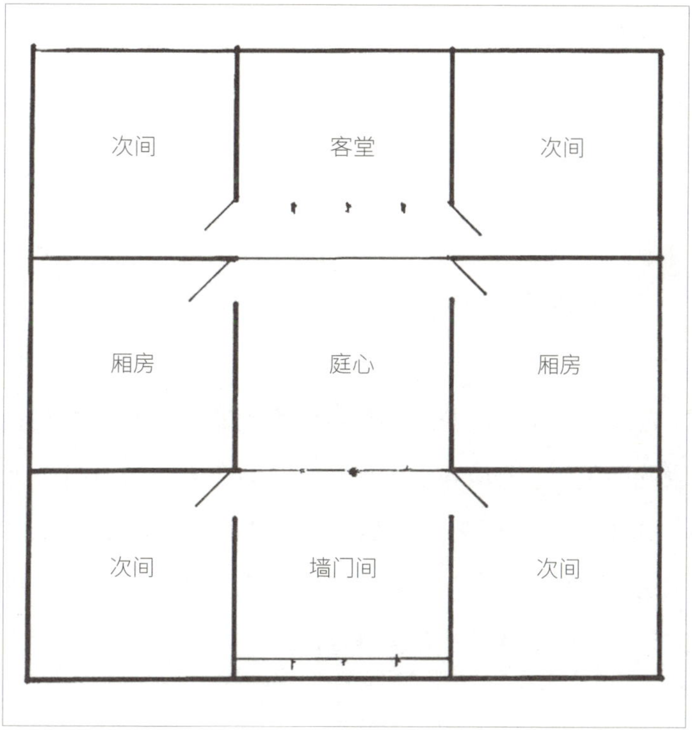

2-16 绞圈房九宫格平面

九龙壁、九龙袍、九进宅第等说法。此外“九”与“久”谐音，寓意永远平安。绞圈房九宫格平面布置，功能清晰，四面围合，聚人气的同时也聚财源。

绞圈房还有一个特色是一幢绞圈房子的住户，往上溯源往往同一个祖宗，同一个姓氏，好似一个“大宅门”。因此绞圈房的始建者，往往是多子多孙的大户人家。在九宫格基础上，各户根据人口结构、经济实力等实际情况稍作变动，出现五开间或七开间的绞圈房，房间分隔也会有变化，只是基本要素始终不变。整座房屋，九宫布局，庄重而朴实，雄浑而深沉。

绞圈房的屋架立面为人字形，屋面与围合式墙身十分简洁，充满乡土气息。如果俯视绞圈房，就会发现单绞圈房呈口字形（图2-17），民间比喻似米斗状；双绞圈房呈日字状（图2-18）。四合院的天井在绞圈房里称“庭心”。绞圈房朴实无华，就像淳朴的农民一样。

三、与北京四合院、江南民居的特征比对

我们从建筑、审美角度分析，可以清晰地看出绞圈房作为上海地区代表性的民居，有着自己鲜明的特色。下面将绞圈房与北京四合院、江南民居作对比，来看看三者的异同。可以说绞圈房，与北京四合院、江南民居一样，都有着四合院的基因，三者是同根同源，然而同中有异，各具特色。

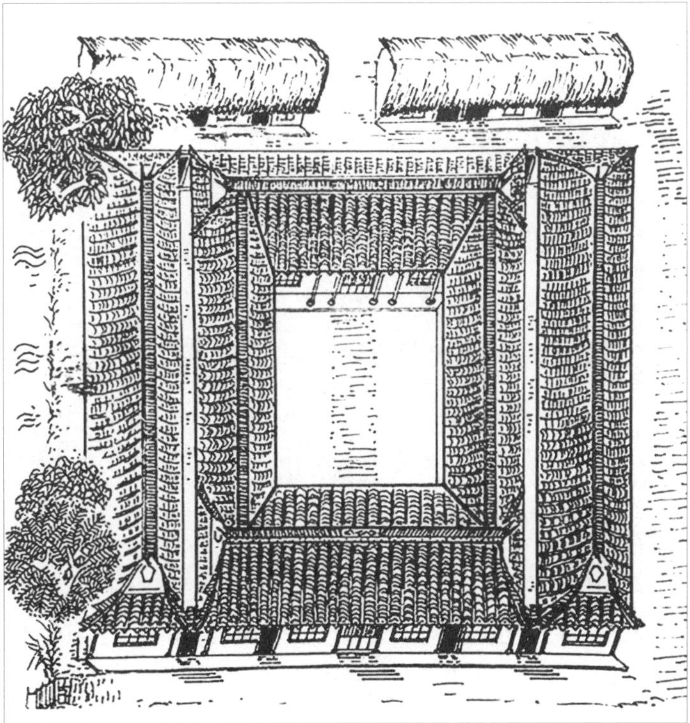

2-17　口字形绞圈房示意图

2-18　日字状双绞圈房示意图

1. 形制特点

四合院建筑，是中国古老传统的文化象征。“四”表示东、西、南、北四面，“合”表示合在一起，形成一个“口”字，这就是四合院的基本特征。江南民居与上海绞圈房就传承了这一特点，只是在具体的形制上各有不同。

北京四合院以南北纵轴对称的布局为基本特征，它四面有房，但并不绞连（图 2-19）。屋面南北为双坡屋顶，但垂花大门开在南侧的东南巽位，并不居中，大多是砖木结构，多彩绘装饰。此外，山墙常见马头墙。

江南民居是中国传统民居建筑的重要组成部分，注重布局，一般来说是前街后河，坐北朝南（图 2-20）。江南气候温暖，河流纵横，因此民居大多粉墙灰瓦，蠡窗映水。住宅的大门多开在中轴线上，迎面正房为大厅，后面院内常建两层楼房。四面围合，但东西两侧厢房大多是或檐或廊，少数是房，故呈单坡屋顶状。有仪门，但位置相对固定。大型民居中轴线上有门厅、大厅和上房，为正落；两侧平行为边落，主要为花厅、书房、厨房和用人住房等。大厅和楼厅前后均设天井，宽与大厅相同，进深不小于建筑高度，后面的天井小而狭长，呈长方形，仅起通风采光的作用。中轴线最后或两侧设花园，花卉树石亭廊曲径为庭院。中型民居进深在七八十米，以二进、三进为多，一般不设置备弄和庭院。小型民居一般为平房，房屋平面为一字形、曲尺形、三合院和四合院。

绞圈房是上海地区乡土建筑的一个代表，特征是“土”，因此被打上深刻的江南地区农村经济特征的烙印（图 2-21）。绞圈

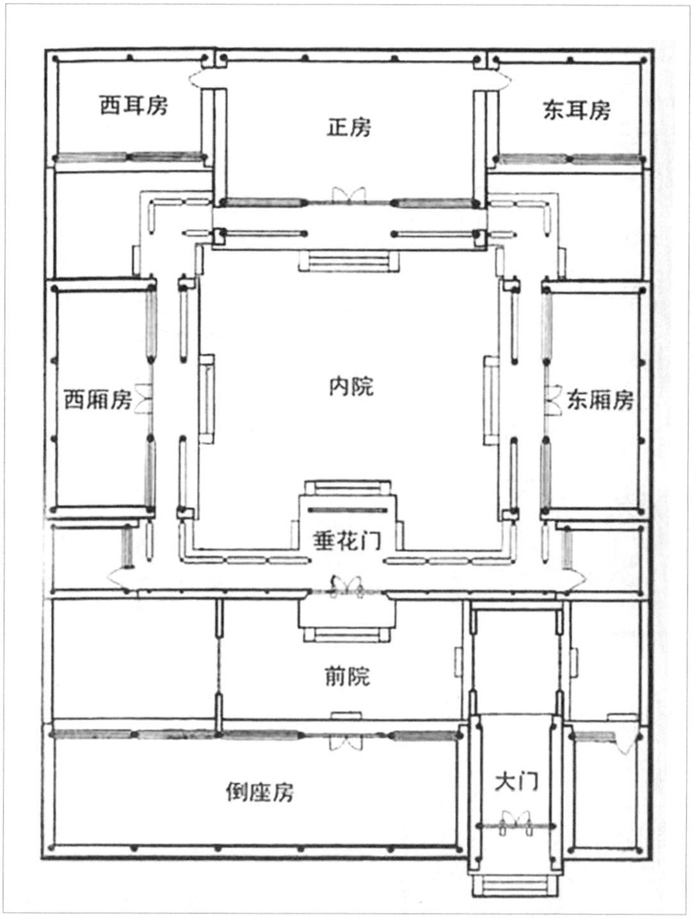

2-19 四合院平面图

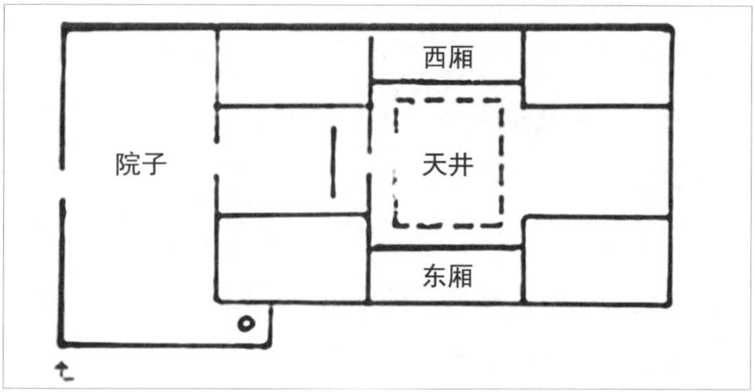

2-20 江南民居平面图

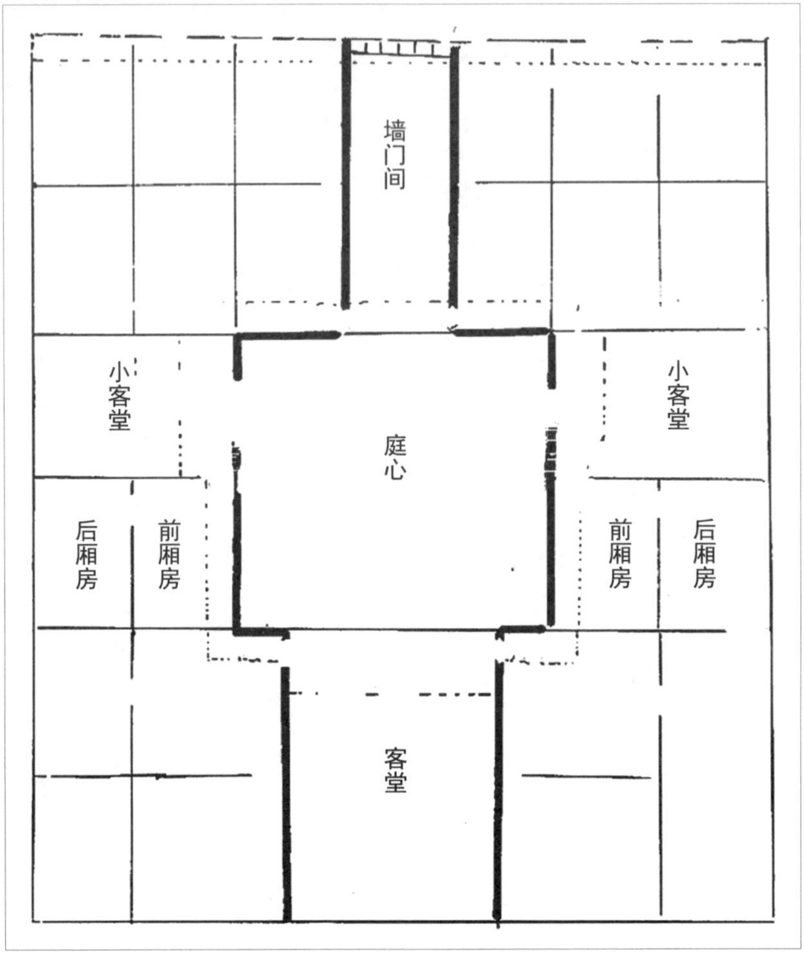

2-21　上海绞圈房平面简图

房多为一层平房，双坡屋顶，四面绞合；墙门居中而开，仪门藏在围墙内侧，且位置往往固定；山墙常作马头墙或观音兜。绞圈房大多建在河边，屋后植竹林。中轴线布置，五开间居多，两侧厢房，庭心宽敞，除了通风、采光与便于联络的功能外，还有晒衣、晒谷、种植花木等实用功能。

2. 结构形式

上海绞圈房、北京四合院、江南民居都采用砖木结构。江南民居、上海绞圈房的木结构主要是穿斗式（俗称立帖式，图2-22）。木柱被穿枋横向连接成排架，挑出的木枋承托挑檐。江南地区的穿斗式木构架多采用杉木作为木柱和梁枋，杉木具有抗腐性好、抗压性强、不易被虫蛀、自重轻、不易变形的特点。为了应对江南潮湿地基的问题，工人们先在宅基地上将土压平夯实，再铺一层碎砖和粗砂压实，然后浇石灰浆凝固，有的铺泥填实。天井部分在这种无基础地坪上铺上石板或青砖就完成了。房屋部分基础穿斗式木柱以 8 ～ 10 米间隔预设柱础，在地坪上垫一块 8 ～ 15 厘米厚、形状为方形的石磉板，上面放石鼓，木柱竖在石鼓上，这样石鼓既可承受立柱传递的荷重，又可隔绝湿气避潮，不会致使木柱脚腐烂。穿斗式构架先在地面拼装成整榀构架，整体施工时将一榀榀构架拉竖起来，架上横架，插上木梢，整个房

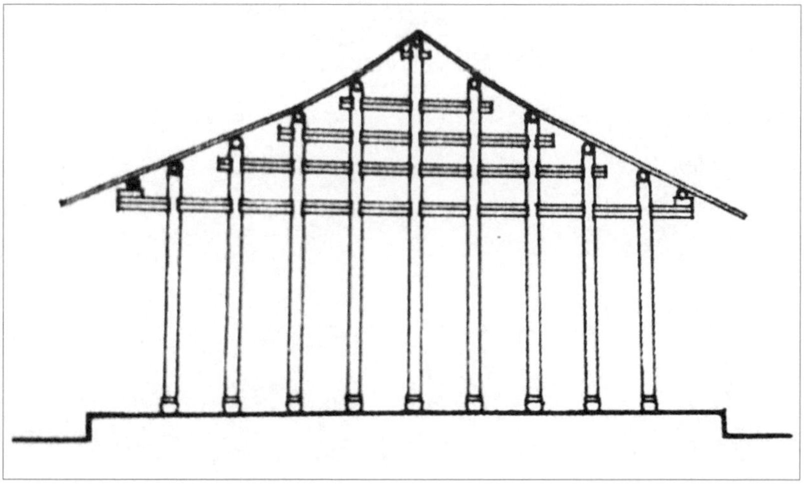

2-22 穿斗式木柱示意图

2-23　棋杆村顾宅穿斗式木柱

屋木构架就完成了（图 2-23）。穿斗式构架的山墙，抗风性能非常好。

3. 建筑细部

任何建筑的异同，在细节上最能分辨清楚。除了上海绞圈房特有的建筑构件之外，我们再从上海绞圈房、北京四合院、江南民居三者共有的建筑细部来分析，以分清它们的异同，把握上海绞圈房的特征。

◎ 仪门

仪门，原是官衙的礼仪之门，取孔子第 31 世孙孔颖达《周易正义》中“有仪可象”之句而得名，是坐轿、骑马的起止点。《辞源》释义为：“明清官署第二重正门，泛指宫殿的侧门。”江南民居除了农屋外，一般都会有仪门。三合院、四合院、多进合院也都有仪门。仪门的位置通常在大门的背面，面向正房的天井。古代迎送宾客至仪门，所以仪门布局很讲究。仪门由门框、门头和屋盖三部分组成。门框用砖砌筑，内侧为从木大门开始向内放大的斜线，这样使仪门显得宽大，墙身有闩门的洞，闩门的木棍可横向伸缩，关大门时如果用木棍搭配铁具固定后，即使撞也撞不开。门框下端有勒脚，考究的人家会贴雕刻花纹的石板。门头是仪门的重点部位，横向有好几个层次，中间层是四字匾额，一般写“积善余庆”“螽斯衍庆”等吉祥字句；两边有砖雕，内容丰富，制作精美。仪门最上一层是屋盖，有平单坡和两头翘角的单坡。

仪门并不是每座上海绞圈房所必须具备的建筑构件，但它是鉴别上海绞圈房的重要特征之一。上海绞圈房因袭江南民居之风，将仪门演变成了门楼，并融入自己的特色，正如张源潜编著《松江方言志》：“仪门头——旧式大宅院的第二道门，面朝大厅（大厅朝南，面朝大厅即朝北）的门脸上有砖雕门饰，并有四言横额。”

上海绞圈房中的仪门（图2-24）与江南民居的仪门（图2-25）有两个区别。一是上海绞圈房中的仪门，注重装饰，而江南民居的仪门，注重礼仪。上海绞圈房中的仪门是一座装饰华丽的门楼，它可以连接两边墙壁，也可以独立存在，两边并无侧门，而江南民居的仪门，居中而立，两边大多还有侧门。上海绞圈房是平房，仪门拔地而起，明显高出两边的墙体。那厚重的墙体，上覆单、双坡黛瓦，有的还饰飞檐翘角或动物塑像。从外表上看，仪门在不尚修饰的绞圈房中，好似鹤立鸡群。二是江南民居中的仪门位置相对灵活，而上海绞圈房中的仪门位置相对固

2-24　上海嘉定绞圈房仪门

2-25　江南民居仪门

定。如常熟翁同龢故居中的仪门，是在门厅、桥厅后的第三进处；而苏州冯桂芬的故宅“榜眼府第”，仪门则是在门厅、大厅、书楼后面。上海绞圈房中的仪门位置一般就在墙门间后边、庭心的入口处，它是北向的，与正门相背，面向客堂。仪门既可与墙门间相连，也可独立成门，故称“仪门头”。也正因为如此，历经岁月蹉跎、日月沉浮的绞圈房许多都已被历史埋没，但其构件——仪门却独自傲立尘世。如邻近豫园的南市艾家弄80号那座深藏在闹市民居中的绞圈房，许多年过去了，就只有仪门尚存世间。

◎ 天井

四合院都有天井。它是指宅院之间所围成的露天空地。天井在中国古已有之。《孙子兵法》中就有记载：“凡地，有绝涧、天井、天牢、天罗、天陷、天隙，必亟去之，勿近也。”

四合院的天井也称院子（图2-26），而上海绞圈房的天井大多称庭心（图2-27）。天井的大小与四合院的开间、厢房多少有关，通常开间和厢房的数量越多，天井也就越大。从俯视图看，上海绞圈房因四面都是双坡屋顶，形制呈方形，天井大多方正；而江南民居因厢房多单坡屋顶，形制呈长方形，天井大小不等；四合院因四面房屋并不绞连，故俯看的话，天井的“口”字边上像开槽。

多进合院大多不是平民住宅，而是为官之人的宅院，后来商人也效仿。从西周开始出现等级制后，宅屋也规定必须按等级营建。《唐会要·舆服》中有这样的描写：“准营缮令。王公以下舍屋不得施重栱、藻井。三品以上堂舍，不得过五间九架，厅厦两

2-26　江南民居多进住宅中的天井

2-27　上海绞圈房庭心

头门屋，不得过五间五架。五品以上堂舍，不得过五间七架，厅厦两头门屋，不得过三间两架，仍通作乌头大门，勋官各依本品。六品七品以下堂舍，不得过三间五架，门屋不得过一间两架。非常参官不得造轴心舍。”“其士庶公私宅第不得造楼阁，临视人家，近者或有不守敕文，因循制造，自今以后，伏请禁断。又庶人所造堂舍，不得过三间四架，门屋一间两架，仍不得辄施装饰。”此后《宋史·舆服志》《明会典》和《大清会典则例》中都对官宅有明文律规，对庶民也有律规。《宋史·舆服志》载：“庶人舍屋许五架，门一间两厦而已。”《明史·舆服志》载：“庶民庐舍，洪武二十六年定制，不过三间五架，不许用斗拱饰彩色。三十五年复申禁饬不许造九五间数，房屋虽至一二十所，随基物力，但不许过三间。正统十二年令稍变通之，庶民房屋架多而间少者，不在禁限。”

“间”指房间的开间，开间数量多，房间面宽就长，开间以椽子（发）计，每发在 2.3 厘米，13 发的开间面宽 3 米，25 发的开间面宽 5.8 米。“架”指房间的进深，以木构架木梁计，梁（路头）一般在 0.8 ～ 1.3 米，一般情况下五路头进深 6.5 米。虽然上海绞圈房、北京四合院、江南民居都有历代朝廷营建律规，但律规仅对宅屋开间和进深有严格规定，对院落纵深却没有明确说明，所以有研究者认为五间九架也可理解为九重堂即八进。

◎ 客堂

过了天井，便是客堂（图 2-28）。上海绞圈房、江南民居都有客堂。客堂也是民居的正厅或主屋。《简明吴方言词典》又将客堂释为：“专用于接待客人而不作卧室的房间。”唐朝的韩愈写过

2-28　客堂

一首《陪杜侍御游湘西两寺独宿有题一首，因献杨常侍》，诗云："客堂喜空凉，华榻有清簟。"

客堂都在后埭的中央位置，面积略比庭心小一些。明厅设有可脱卸的排门，次梁上可悬挂堂匾，有的主梁上有官帽饰。这是家族宴请宾客之地，逢喜可摆酒席，遇丧可作灵堂。日常可置放家族共用的大型农具，如稻床、纺车、扬谷机等，有的客堂靠墙处还设有舂米的石臼。

◎ 屋面

四面围合的平房中，上海绞圈房是人字形的双坡屋面连成一体（图 2-29），北京四合院因四面之屋独立成房，故各房屋面自成一体。而江南民居大多是前后埭的双坡屋顶与东西厢房或檐廊的单坡屋面连成一体（图 2-30）。明代建筑"南春华堂"为江南民居，从 1979 年的卫星拍摄地图来看，可清晰地看到南春华堂

2-29 绞圈房屋面俯视

2-30 江南民居屋面俯视

2-31 江南民居的屋面斜沟

东西厢房的单坡屋面与前后埭连成一体，故2003年迁入光启公园时，依然原样修缮。在直角相交处，人字形屋面向庭心的坡屋面形成45°夹角，呈现似米斗状。另一种第一埭、第二埭、第三埭平房屋面高出厢房屋面，向庭心的坡屋仍形成45°夹角，高出厢房的山墙上会有浮雕。建筑学上硬山顶是常见的“人”字屋顶，特点是屋檐与两端山墙齐平。悬山顶的屋檐悬挑出山墙，屋前后和两端都有挑出的屋檐；庑殿顶的屋顶前、后、左、右四个面都有斜坡；歇山顶是由庑殿顶与悬山顶相交的屋顶。在绞圈房屋面相交中，各种相交形式都有，但最内部的一个坡屋面必须四周环绕庭心。

◎ 斜沟

江南民居是围合式的住宅，屋面转角处的作用是泄雨水，一般都会做成斜沟。北京四合院有围墙，但四面房屋并不连接，故无屋面斜沟。江南民居无论是三合院、四合院还是多进合院，埭房与厢房直角相交时，屋面会出现 45° 夹角，两边直行铺的青瓦会留出一条缝沟，作为接屋面落水用（图 2-31）。上海绞圈房屋面呈米斗形，四个角的斜沟分外明显，因为绞圈房厢房一定是双坡屋顶，而江南民居厢房多单坡屋顶，所以江南居民的天井显得比较窄长，斜沟也稍显短窄。

第三章 绞圈房与石库门

上海属于江南地区，在农耕时代产生了本地特色民居——绞圈房。上海开埠后，开辟了外国租界，西方文化大量传播，同时人口剧增，住房紧缺，因而形成大批中西风格结合的石库门住宅。绞圈房与石库门住宅是上海地区两种文化背景下的两种民居形式，尽管建筑的年代不同，呈现方式不一样，但都是从江南民居脱胎而来的建筑形式。

一、石库门起源

上海在开埠前是江南名邑，虽仍是农业经济发展模式，但海上贸易和商业都很繁荣，那时的上海人居住建筑大致有三类：农民住宅、镇民住宅和官吏地主住宅。农民住宅一般一埭三开间，堂屋居中，两侧为卧室或厨房杂间，家庭人口较多的，户型有四开间至八开间不等，房屋类型除一字形外，还有曲尺形、门字形和口字形；镇民住宅沿河或沿街毗邻而居，独栋而立；官吏地主住宅独院式多，早期明清建筑遵守朝廷宅第律规，清末后戒律放松并且受到西方文化影响，因此不守章法的宅第屡见不鲜。

石库门住宅的出现有两大原因：一是上海租界的出现，吸引了上海周边大批农民涌入租界务工，还有大批富人来上海经商，租界人口暴涨，导致住房紧缺；二是江浙一带战乱，迫使大批百姓和地主富豪纷纷逃往租界避难，更加剧了住房紧缺，石库门能够容纳多户人家，因此石库门住宅的出现解决了住房紧缺的问题。1870 年上海公共租界人口是 7.5 万，1895 年达到了 24 万。1914 年第一次世界大战开始时，上海人口暴涨到 200 万左右。外国商人看到了赚钱机会，于是在 1853 年 9 月至 1854 年 7 月间，在今广东路、四川路一带首次建造了 800 多幢木板简房，但对于房屋市场来说仍供不应求。原先依靠贩卖鸦片获得暴利的老沙逊、怡和、仁记洋行纷纷把资金投向了房地产。1860 年公共租界内以“里”为名的简屋已有 8740 幢，房租收益达 30％至 40％，与此同时，地价已经由最初每亩白银 20 两左右涨至 500 两以上。因为木板简房的建材主要是进口洋松或福建杉木，容易燃烧引发火灾，所以 1870 年被租界当局取缔（图 3-1）。为解决造房无章可循的问题，租界当局依据 1869 年《土地章程》，陆续出台相关行政规定，规定房屋建造必须先申报，只有在领取执照后才可施工。1901 年颁布《中式房屋建筑规章》，两年后又颁布《西式房屋建筑规章》，石库门便应时诞生了。

租界当局的严管并没有阻碍上海房地产业的兴起与发展，兆丰、公平、通和、雷士德洋行，甚至连外国教会也从事房地产业务。英商业广地产于 1888 年成立，业务范围很广。其用砖木结

3-1 《点石斋画报》刊登连列式木板房图画

构的二层楼房代替木板简房，总体排列布局采用伦敦住宅的毗连形式，并且吸收江南四合院的布局特色。业广地产公司建立的石库门里弄在苏州河北岸的虹口一带，老沙逊洋行将石库门建在广东路、福州路一带，怡和洋行则是在外滩至十六铺一带建了石库门，新沙逊洋行在南京东路一带建房，而雷士德洋行在宁波路、浙江北路一带建了一批石库门房。宁波路上 1872 年建的兴仁里是上海最早期的一批石库门里弄，清代《沪游杂记》一书中记载的于 1876 年建造的广东路公顺里，基本保存完好。

房地产的高利润使中国旧官僚、大地主和买办眼红了，引得他们纷纷投资石库门里弄。浙江南浔士绅张、刘、邢、庞四家在上海租界投资建造石库门里弄，仅刘家一家就在福州路、广西路一带买地建造了会香里、洪德里、贻德里等 10 余条石库门里弄；英商沙逊洋行买办程谨轩和周莲堂在南京东路建造出租石库门里弄；清末大臣李鸿章、盛宣怀等在闸北、静安也建造了均益里等一批石库门里弄（图 3-2）。

二、石库门与江南民居

明确了石库门住宅起源，我们再来看一下石库门住宅的特色和内容。江南民居脱胎于中国传统四合院，四面围合，防御性和私密性好，但是过于封闭，采光和通风都有影响，只要将朝南的第一埭改为和围墙与两侧厢房平行的三合院，就更适合生活和居住，舒适度大大提升，这种式样的住宅越来越受到百姓欢迎。所以在江南地区，建筑年份较晚的清代建筑里三合院的比例增多。

3-2　八仙桥地块大批石库门住宅

3-3　20 世纪初宝昌路石库门

三合院平面与四合院平面在北方称倒座房，南方称门房，部分省已将三合院这一建筑样式剔除，但正房、次房和厢房仍然没动。当毗连形式的石库门里弄开始布局时，便采用三合院形式，利用天井缺口可以将房屋前后间距从 1:1 降为 1:0.5 至 1:0.6 这个优势，大大提高了土地的建筑容积率。因为人们更追求日照与通风，所以新式里弄石库门围墙比旧式里弄石库门围墙更低一些。同时在房屋后立面上将灶间缩小些，开一个 1.2 米宽的后天井，既可解决灶间排气问题，又使前后间距增大，拓展了空间。因租界土地昂贵，房地产商绞尽脑汁想尽各种办法“螺蛳壳里做道场”（图 3-3）。

一厅两厢是石库门住宅的基本形制，它与中国传统的四合院、三合院建筑理念一脉相承，厅堂是祭祖、会客、议事、办结婚喜事和病故丧事的地方，厢房用来住宿或用作书房，只因土地价格昂贵，所以平面布局看上去更紧密。

石库门住宅房外、房内装饰模仿江南民居传统式样，如清水砖墙、纸筋石灰粉墙、石条门框、漆黑大门、走马廊、镂空雕花木栏板、雕花檐口板、厢房内的挂落和隔断、木楼板与木栏杆、客厅长窗、厢房短窗等方面都颇为相似。后期石库门受西方建筑文化影响，西式图案越来越多，而中式元素则越来越少。

江南民居徽派建筑的山墙以马头墙为标志，上海地区民居还有一种“观音兜”山墙，形似倒过来的渔网，也可形象比喻为驼峰。石库门住宅山墙基本上都是马头墙和观音兜这两种形式（图 3–4、图 3–5、图 3–6）。

江南民居是中国几千年以来发展出的四合院形制在江南地区的本土化，因此说石库门住宅脱胎于江南民居更为合理。

三、石库门与绞圈房

江南民居有徽派、苏派为代表，上海地区民居也有各种类型，其中石库门最为著名。

绞圈房出现于上海沿海地区，那里的住户主要是农民、盐民、渔民和小康家族。家族规模较大的住宅如浦东孙桥的艾氏绞圈房，一度被误传是明代三品官艾可久的宅院，查核以后才确定这是艾氏四世祖艾洪大迁徙到孙桥定居的宅居；浦东瓦屑东周家宅绞圈房，住户是工商地主；在市中心区海宁路780弄22、24、26号有一座双绞圈房，这是建于清光绪二年（1876）的钱家宅，吴越国钱镠第30世钱世德和钱大成父子，为避战乱迁徙到穿洪浜（今海宁路房址）定居盖房。

石库门住宅出现在公共租界和法租界，在上海老城厢也有。它早期一般是业主自用，江浙一带地主和富商为避开太平军追杀，逃至上海买地造屋。还有大批商家以出租为目的，把租界当作“国中之国”的避难港，盖起一批批石库门里弄牟利。石库门里弄的房地产开发商先是外国商人，后来华人也加入。浙江南浔乡绅张、刘、邢、庞四家，洋行买办程谨轩和周莲堂，祥茂洋行买办陈炳谦，通和洋行买办应子云，怡和洋行祝大椿，东方汇理银行朱子尧，清末官僚李鸿章、盛宣怀，还有民国四大家族之一孔祥熙，都是石库门里弄的投资开发商。

绞圈房是上海地区农耕社会文化的产物，石库门住宅是上海租界文化的产物。一个土生土长，另一个中西结合。清末民初，石库门刚问世不久，能清楚地看到这种中西结合的痕迹，比如在

3-4 王家码头石库门

3-5 新场古镇观音兜三合院民居

3-6　山海关路马头墙三开间石库门

乌鲁木齐南路 183 弄内（图 3-7）和武定路 115 弄内（图 3-8）的本地房，三合院式单层本地房基本特征与正宗绞圈房相同，只是前埭改为围墙和石库门木门，它们有着绞圈房外形和石库门的门面，从这里也可看出绞圈房子对石库门的影响。早期石库门住宅如 1872 年建的兴仁里和 1915 年建的联珠里（图 3-9），虽然是二层住宅，但平面是四面围合，后来因四面围合式不利于群体的排列，前后房屋间距也过小，改为三合院式（图 3-10）。可见，绞圈房对早期石库门住宅有一定的影响，中、后期石库门朝西化方向发展，与绞圈房渐行渐远了。

3-7 乌鲁木齐南路 183 弄内绞圈房外立面与石库门相似

3-8　武定路 115 弄绞圈墙门间外面的石库门装饰

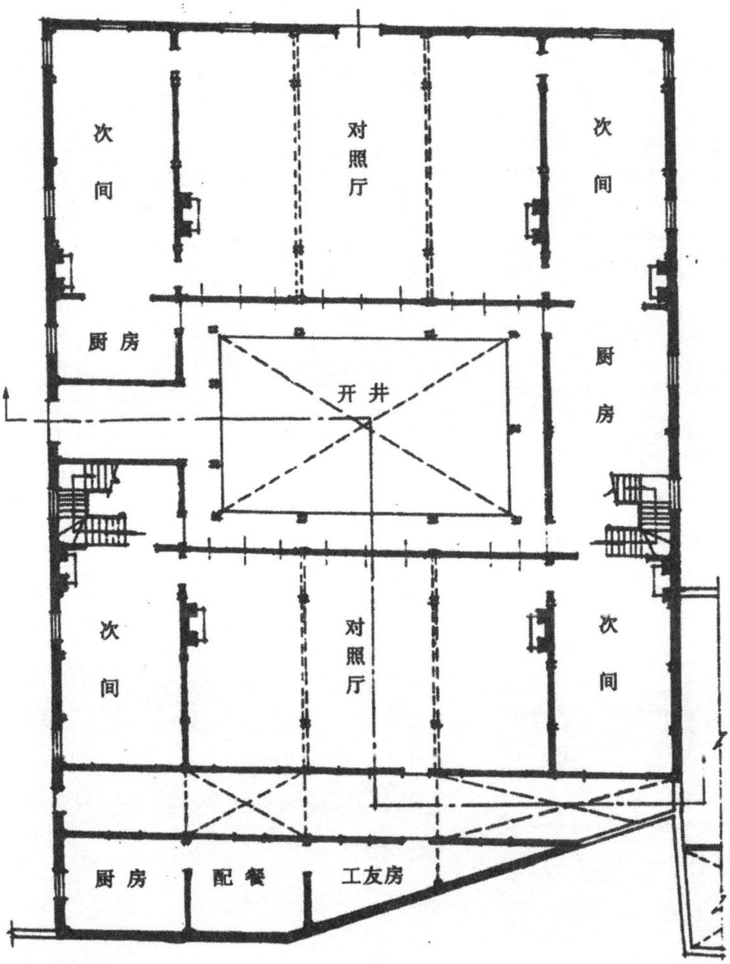

底层平面图

3-9 北京西路联珠里石库门平面图与绞圈房相似

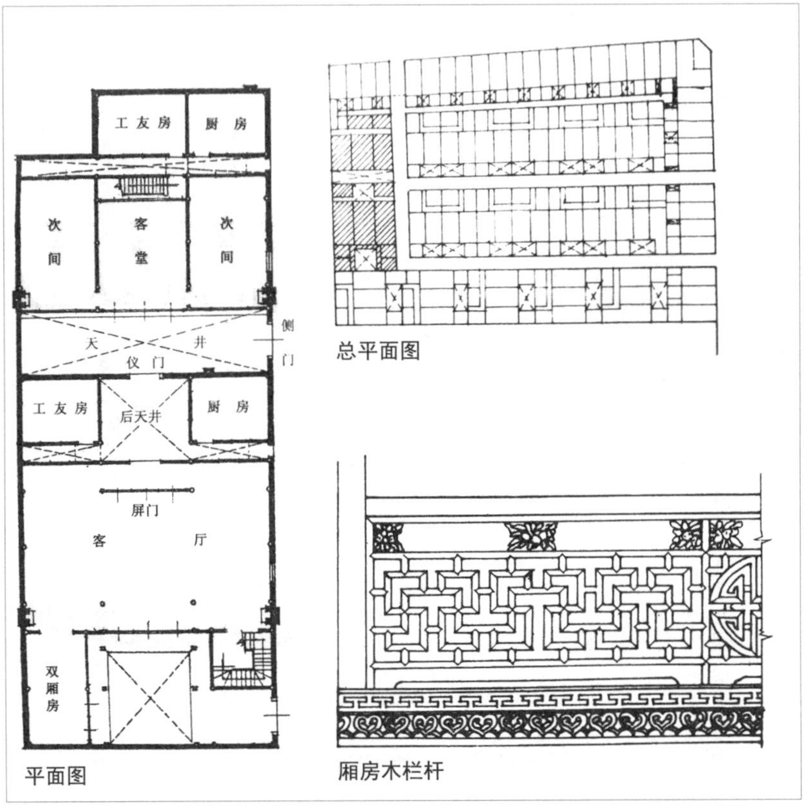

3-10 广东路公顺里石库门有三进

第四章 经典绞圈房

“江山留胜迹，我辈复登临。”苏州河几经变迁，黄浦江滔滔东流，上海绞圈房记录着上海开埠前的记忆，留存着老上海鲜明的地方历史文化特色，可以说上海绞圈房才是上海本地老房子的真正代表。

有着百年历史的上海绞圈房，曾为上海人民营造了无数温暖的家，虽经岁月沉浮，旧房拆迁，绝大多数的绞圈房都慢慢湮没人间，但依然有一些绞圈房始终屹立于上海城乡。经我们梳理和统计，有10多座绞圈房残存，现从中遴选5例既有建筑特色，又有人文故事的经典绞圈房案例，以飨读者。

一、承裕堂

坐落于上海浦东周祝公路周浦镇棋杆村平村 510 号的承裕堂顾宅，是上海目前为止保存最完好的绞圈房（图 4-1）。承裕堂内有房屋 28 间，至今仍住着几位顾家后人。2019 年春节前夕，顾家 50 多位后人还在此举行了隆重的祭祖仪式，《新民晚报》就曾以“老宅祭祖先，修谱传家训”为题进行了专题报道。

承裕堂在周祝公路棋杆村村委办公处后面。据顾家家谱和其族人回忆，顾姓乃是当时“一门旺族”“有高大开间的中堂题名为‘承裕堂’，始建于清朝道光年间（1820—1830），房屋分为先后两期施工，历时 8 年竣工，先造东半区，然后再造西半部分，全部完工后，曾在屋脊上装饰象征庄严高贵的图案”。

承裕堂作为绞圈房的一种，民间俗称“七路七开间外加两包皮绞圈房子”。它的占地面积约 1500 平方米，建筑面积约 1200 平方米，房屋空间开阔高大，通风采光良好，冬暖夏凉；建筑风格典雅，质量上乘，外观庄重威严（图 4-2）。承裕堂的建造选址奇佳，位于一块得天独厚的风水宝地之上。它三面环水，河中荷花飘香，宅后翠竹森森，一派江南田野风光。它坐北朝南，东南角建有一座青龙桥，东西两侧建有偏房。后面还有可存放农具、

4-1　承裕堂顾氏绞圈房

4-2　航拍顾氏绞圈房

饲养家禽家畜的房屋。正房建筑距今已有近200年的历史，仍完好无损。承裕堂为五开间四厢房院落，呈歇山造型，黛瓦粉墙，远远望去，它像一座山丘，坚实地屹立于村落中（图4–3）。

据其家谱所载，承裕堂也很有地方建筑特色。其所用材料全部选用当时优质的砖木、沙石，其中铺设壁脚用的石条，全部从浙江、江西等地采购而来。而且又延请当地能工巧匠，用高超的建筑技术加以施工建造。从目前的情况分析来看，所存木窗、砖墙、地坪、阴沟，从构图到造型均相当精湛，在当时应是一项优质工程，同时又集天文、地理、人文习俗于一体，是一座能称得上真正本地老房子的代表建筑。因此，2017年顾家绞圈房与近旁的张家绞圈房被同时定为浦东新区文物保护点，由原住民和村委联合保护。可喜的是近年有关部门在其宅前的绿地中，又修建了一座古色古香的四角凉亭。传统民居再附上凉亭，那真是锦上添花。前不久顾家绞圈房挂匾“承裕堂”，与村委一起在宽大的客堂联合打造“绞圈房陈列室”，陈列室对外开放，展出制作于清朝乾隆年间的木制长方形阔凳，以及古色古香的碗橱等绞圈房老家具、老农具，让来客重温上海的乡土风情。

据顾氏宗谱，顾家历代勤耕精读、为人诚厚、名人辈出。顾氏七世祖望洋公，字东川，持家有方，立业有成。到第8、第9世，顾氏一门人丁兴旺、富甲一方。到第11世祖立岗时，就在现在的棋杆村十八组建造了顾家老宅院。

顾氏第10世祖曾获清朝咸丰皇帝亲赐的九品衔。顾氏第14世祖顾敬心是著名的化工专家，曾留学德国，于1936年获博士学位，担任过沈阳兵工厂厂长。1949年10月1日，他应邀登上北京天安门城楼观瞻开国大典，后任辽宁省人大常委会副主

4-3　河对岸拍顾宅全景

任。顾氏第15世孙顾梦生曾荣获“全国血防工作先进个人”的荣誉称号，历任原南汇区第一至五届政协常委、南汇区人大代表等。顾氏第15世孙（女）顾秀君，于1987年获“全国优秀科技工作者”称号和“五一劳动奖章”，自1992年起享受国务院特殊津贴。

二、恒心堂

浦东张江镇孙桥中心村恒心堂（图4-4），是艾可久的后裔于清代建造的绞圈房。艾可久，于明嘉靖四十一年（1562）中进士，授太常博士，历任南京御史、陕西按察使等官职，为官清廉，死后神宗皇帝赐葬孙桥故里。艾可久后裔有一分支迁居孙桥，至清咸丰年，艾氏在此延续了15代，因老屋陈旧而重建绞圈房形制住宅。

恒心堂的建筑面积约650平方米，双绞圈平房，东庭心为80平方米，西庭心为60平方米。建筑整体结构是穿斗式和抬梁式混合木结构。墙门间设仪门，东庭心客堂内有清代宣统年书画家沈玉麟书写的“恒心堂”匾额，两侧是次间、落叶。庭心两侧是厢房、灶间和柴间。两个庭心周围共有大小房间30间。木门窗

4-4　孙桥艾氏后裔恒心堂

都用桐油漆刷，客堂前落地长扇木门窗格芯用蛎壳镶嵌，两侧木板墙上有支摘窗。庭心铺地用小砖筑人字形，四边用青石勾勒。后院有银桂和竹园，屋前有菜园，农家庭院风光浓郁（图 4-5）。

艾氏家族原籍江西抚州，在始祖艾舟里时徙迁南京，后来三世祖艾继、四世祖艾元美携家人在上海老城厢艾家弄定居。艾元美是艾可久的父亲，艾可久在任南京政通使时住艾家弄（图 4-6）。其长孙艾庭槐娶徐光启长孙女为妻。艾家弄现存两个三进合院（图 4-7），门房是绞圈房特征，单层有墙门间，里面是两层楼江南宅第（图 4-8）。这种既有江南多进合院特点，又有绞圈房特点的实例很少见。艾氏家族世代沿袭，至今在浦东孙桥的艾可信是第 17 代世孙，同为第 17 代孙的艾中信是著名油画家，曾任中央美术学院副院长。

4-5　孙桥艾氏后裔绞圈房

4-6 上海老城厢艾家弄绞圈房门屋

4-7 上海老城厢艾家弄墙门间

4-8　上海老城厢艾家弄多进合院

三、余庆堂

嘉定华亭镇余庆堂（图 4-9）是许氏老宅，它坐落于上海嘉定北部，毗邻江苏太仓的毛家宅 17 号，毛家宅是荣获“2017 中国美丽休闲乡村”称号的新农村示范点。“家家宅前见绿闻花香，户户屋后鸟鸣翠青竹”就是毛家宅的真实写照。迈进毛家宅，一种自然的田野气息就扑面而来。

余庆堂掩映在村头的树丛中，这是一座独立大院，有护宅河环绕其旁，院后还有茂密的竹林。在建设“美丽乡村、绿色家园”社会主义新农村的热潮中，许氏老宅修缮一新。观音兜高高耸立，粉墙黛瓦红门窗，分外醒目。墙门间四扇长门顶天立地，中间两扇对开，上面贴着一副春联：“梅兰得时格外馨，杨柳当春特别绿”。下置腰沓门，边上的两扇作侧门。再往两边的次间，则是两扇别具特色的窗户，一扇是花格窗，一扇是忽闪窗，还没进门，就透出浓浓的江南风味。

余庆堂是一座标准的绞圈房，两埭头，墙门间为前客堂，当中敞开，庭心素面朝天，东西两厢房排列有序，后客堂宽敞高大。它的独特之处是开间特别大，看起来像五开间，其实只有三大开间。室内装修简洁朴实，没有华丽的画栋雕梁，但外墙别有洞天，可见飞檐翘角、寿字纹瓦当。四面屋顶上的屋脊泥捏花样繁多，分别取材于民间故事“五子登科”、光耀门庭的“衣锦还乡”、祈求吉祥幸福的“蝙蝠临门”、寓意多子多福的“硕果累累”等，精致而富有民俗风。庭心墙壁下垒着一大堆大小不一的缸甏（图 4-10），那是因为许家祖上以制作酱菜起家，各种缸甏为腌酱菜所用。当年腌成的酱菜从宅后的小河里运出去，许家就此攒下第一桶金，发家致富之后建成了老宅。客堂和灶间的墙壁上挂着各式各样的农村生活用品，如糠筛、角匾、饭篮等。室外的廊沿下，一只用竹竿做成的被当地人唤作“节节高”的晾鞋杆正在风中飘荡，顾名思义，此晾鞋杆最适宜晾晒鞋子和袜子。

这座老宅建于清光绪三十四年（1908），至今已传了 6 代。现在居住在老宅的是许氏第 4 代许友棣夫妇。许友棣在家中排行老三，生肖属龙。他说：“这屋子是我爷爷的爷爷造的。我在这间东屋里出生、长大、成家，对它很有感情！原来有一处观音兜被台风吹坏了，现在村里给修好了。”如今，许友棣已住进近旁的三层楼房，楼房十分气派，但每天他都会回老屋烧火做饭，他说：“烧农家菜，还得用大灶头，香！我吃惯了。”

余庆堂现是嘉定区文物保护点，是毛家宅的“十大景”之

4-9　余庆堂全景

4-10　许家老宅中的庭心

一。百年老宅保存完好程度可以与浦东新区棋杆村的顾家老宅相媲美，游客们从上海市区乘坐地铁 11 号线到嘉定北站下车换乘嘉唐华线即可到达。

四、傅雷故居

傅雷，我国著名文学翻译家、文艺评论家，1908 年出生于浦东航头镇王楼村。傅雷曾在法国巴黎大学留学，20 世纪 30 年代起就致力于翻译法国文学作品，曾出版《约翰 · 克利斯朵夫》等译著 33 部，共约 500 万字，为介绍和推广外国文学名著作出了贡献。《傅雷家书》是傅雷夫妇在 1954 年至 1966 年 5 月期间写给傅聪和儿媳弥拉的家书，由傅敏编辑，于 1981 年出版。傅雷夫妇平时教育子女呕心沥血，100 多封的家信以小见大，传承了中国人的家文化，因此《傅雷家书》受到广大读者的喜爱。

傅雷故居始建于明代，并于清代重建（图 4-11），现有建筑面积 400 多平方米，滨水而建，砖木结构，歇山顶，五开间绞圈房，东西两侧还有附房，计有房间 30 多间。由于傅雷受到政治打击，故居被 17 户人家占用，再加上年久失修，房屋严重破损。2012 年政府启动修缮工程，因动迁居民进展缓慢，直到 2018 年 12 月 21 日傅雷故居修缮工程才得以正式启动。上海交通大学建筑遗产保护研究中心主任曹永康对记者说："傅雷故居它区别于城市或古镇里的建筑，数量有限且格局十分典型。"他还说："傅雷故居所在的周围环境也是典型的村落，并与其相得益彰。比如那条河，据了解在当时是这个村出入的一条交通要道，而房前屋

4-11　傅雷故居航拍全貌

后栽种的林木等都是乡土建筑景观的组成部分，也是傅雷故居文化的重要组成部分。”傅雷故居的修缮工程投资6000万元，预期4年内完成。

傅雷故居在周浦，父亲去世后他就跟随母亲生活。4岁至19岁，他一直都在周浦旧居生活和读书，在此处度过了他的童年和少年。

五、海宁路双绞圈房

讲到绞圈房，有人认为这是年代久远的记忆，或是农村的故事，其实不然。在上海静安区海宁路780弄22、24、26号，还存留着一座绞圈房，并且是上海市区硕果仅存的一座双绞圈房（图4-12）。

这座绞圈房的主人原是吴越国钱镠第30世裔钱世德和钱大成父子，为避太平天国战火迁徙这里，在此以农耕为业。宅前的海宁路原是一条叫穿洪浜（又名川洪浜）的小河，于1902年填浜筑成海宁路。清光绪二年（1876）钱家在此建造了一座三进深的双绞圈房，也是入乡随俗，之后子孙繁衍，又在其南侧造了座二进深的绞圈房。前几年这里动迁，二进深的绞圈房被拆除，而双绞圈房，因为在2012年被列入上海市第三次全国文物普查不可移动文物名录，才终于幸免于难。

这座双绞圈房经过百年的风雨，之后又住进了“七十二家房客”，被分割成许多小房间，连前后客堂也未能幸免，但幸运的是基本格局被保留了下来（图4-13），双绞圈房的外观还能看清。我们要感谢热心文物保护的温举珍先生，他为我们留下了一张珍贵的双绞圈房的俯拍照片，让我们清晰地看到了它的真面目。如果说1991年褚半农先生拍下了第一张绞圈房的平视照，温举珍就是拍下了第一张双绞圈房俯拍照的人，这在手机尚未流行、相机也未普及、航拍更是闻所未闻的年代是十分难得的。因为，绞圈房只有用俯视角度拍摄，才能让人们欣赏到它别具一格的倩影。

海宁路双绞圈房东西宽20米，南北纵深34.6米，占地面积约为700平方米。墙门上醒目地挂着海宁路780弄22、24、26号三个门牌号，墙门间中有一间搭建房，但梁柱、斗拱依然可见，主梁上的官帽饰还可辨识。双庭心、双客堂还保存完好，客堂梁上双龙戏珠、八卦、木犀角等装饰清晰可辨，在这里依然可感受到本地老房子浓浓的乡土情结。

现在上海正在努力打响红色文化、海派文化、江南文化品

4-12　海宁路绞圈房现貌

4-13　海宁路绞圈房的庭心

牌，温举珍先生在《海宁路绞圈房拍摄散记》中呼吁说：“这是市中心区硕果仅存的绞圈房，值得保护。倘若侥幸得以保护，辟建成上海绞圈房博物馆对外开放，与周边的吴昌硕故居、梁氏民宅、康乐里和均益里等整体连线，倒不失为文物保护的一大功绩，沪北又增添了一处江南文化热门景区。”这是一个很有创意的点子，我们热切地期望这能成为可喜的现实！

第五章 绞圈房的现状

上海绞圈房是具有上海本土建筑特色的老房子，见证了上海开埠前的漫长岁月，不仅在上海建筑史，就是在中国建筑史上也留有一席之地。可令人遗憾的是市场上各种记述上海风情的读物中，难觅其踪影，甚至在专论上海建筑的著作里，也从未论及绞圈房。而原来遍及城乡的实体绞圈房，则屡遭拆除，因此现存的绞圈房不但寥寥无几，而且这些硕果仅存的绞圈房也处于风雨飘摇中，命运堪忧，亟需我们加以抢救和保护。

一、绞圈房的分布

探讨上海绞圈房的分布，当然先要明确上海的地域分布。本书所讲的绞圈房分布，是根据现在的上海行政区域来划分，但在历史上它是指江苏东部、浙江北部和上海本土。

由于种种原因，上海建筑界一直将石库门作为上海老房子的代表，对于石库门之前上海人的住房，各种文献大多以“本地民居”泛称。一直到 1991 年 11 月 6 日褚半农先生在《劳动报》上发表《也谈老式本地房》，第一次公开提出了“上海本地老房子是绞圈房”这一观点后，人们才渐渐接受了这种观念。1993 年《上海县志》采纳了这种提法，于是上海本地老房子有了自己的名字——绞圈房。因此要从文献中寻觅上海绞圈房的材料，几无可能。

我们知道，上海绞圈房的出现有两大原因：一是上海处于江南沿海位置，要防御台风；二是明代以来上海屡遭倭寇骚扰，要防外敌。因此，绞圈房临近海边，离海越近，绞圈房越多。运用上海市地理信息制作的《天地图》可找到 1948 年航拍的上海历史影像。我们从历史影像中看到绞圈房大多分布在近海村落，也就是今天的嘉定、宝山、金山、闵行区和浦东新区（川沙、南汇）及市中心区（杨浦、虹口、闸北、静安、徐汇区），而地处西南面的青浦、松江区等地则相对较少。在上海市中心区尚存的绞圈房，则让人匪夷所思，毕竟今天看来市中心区地皮很昂贵，为什么能允许占地面积很大、建筑容积率很低的绞圈房存在呢？其实在100年前，上海除十里洋场周围城市化外，大部分地区还是一片田野，本地房和绞圈房是当地民居的主要形式，城市化范围扩大后，本地房和绞圈房被大批蚕食，留下的都是在夹缝中求生存。作为零星边角料的土地，房地产商看不上，又派不上用场，所以才能避开一次次拆迁而留存下来。

从数量来看，上海绞圈房不是官宦人家的庭院建筑，也不是商贾富户的深院豪宅，而是中产阶层的小康之家，因而散布于上海城乡。我们曾经调查过几个村庄，一般而言，绞圈房的占比为所有住宅的5%至20%。在1979年的航拍影像中，我们可以清晰地看到海宁路双绞圈房左边还有一座绞圈房。同样在1979年的航拍影像中（图5-1），在地处陆家嘴的原陈桂春住宅右边可找到几座绞圈房。

二、绞圈房的现状

我们经过多年的实地调查研究，发现上海绞圈房的现状堪忧。追溯历史，上海绞圈房曾遭受两次重大冲击。

一次是19世纪五六十年代上海开埠后，列强在上海设立租界并不断越界筑路，因此大量圈地强拆上海原住民的本地房子，许多绞圈房就此灰飞烟灭。比如“跑马厅风波”就是如此：咸丰

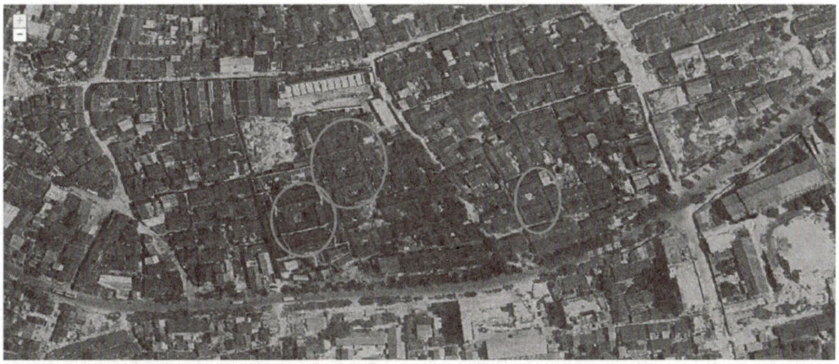

5-1 陈桂春住宅 1979 年航拍影像

十二年（1862），英国商人霍格与英国驻沪领事一同向上海道台提出要求，划出泥城浜（今西藏中路）以西地段的农地和村庄，修建一个跑马厅，上海道台一口答应。于是开始“跑马圈地”，一个英国人骑着马，从现在的第一百货商店起，向西跑到现在的黄陂路口，转而向南至现在的延安东路，再折向东跑到现在的工人文化宫附近。据统计，这一大圈约占农田 466 亩，涉及 300 多户农户，近 100 座房屋。这些房屋大多是本地房屋，很可能就有绞圈房。当时由于租界设立，地价疯涨，一亩地已涨至 500 两上下，可英国商人霍格等人强行以 30 两 1 亩地、100 两 1 座房的低价买下，然后不管农民同意与否，就在他们的房屋、田圩周围筑起铁丝网，不准农民进去，强迫农民搬家。他们这种廉价强征土地、强拆民房的卑劣行径，激起了失去家园的农民们的强烈反抗，农民们到处张贴反圈地的标语、传单，用锄头、扁担武装起来，和帝国主义分子进行不屈不挠的斗争。然而昏庸的清廷派兵镇压，导致官逼民反，许多人后来毅然参加了“小刀会起义”。不过这块土地上，最终还是建成了号称远东第一的上海跑马厅（图 5-2）。

另一次则是20世纪八九十年代，在城市和旧区改造活动中，一方面由于新建了大批商品房，改变了城市面貌，许多群众由此改善居住情况住进了新居，老房子自然消亡；另一方面由于旧改工程中，重拆迁、轻保护，一大批历史建筑，其中包括绞圈房，在推土机的轰鸣声中应声倒下，造成了无可挽回的损失。在本书附录收集的十多位绞圈房主的口述实录中，其原住的绞圈房大多是在这次旧区改造工程中拆除的，这是典型的“进了新房，失了乡愁”。

上海绞圈房经过这两次重大冲击，已所存无几。上海市区已难觅踪影，只有静安区海宁路上留存一座双绞圈房。上海郊区的绞圈房原来星罗棋布，现在也是寥若晨星。据不完全统计，上海现有十多座绞圈房，因年久失修，房屋严重破损，居住条件非常恶劣。

当然，我们的调查统计是不完全的。在市区高楼大厦的背后，很可能还有被人遗忘的角落。2019年初，我们就在市中心的复兴中路发现了一所“都市中的村庄”——三开间的姚氏绞圈房（图5-3），它就隐藏于重重的石库门建筑群中。虽然房屋破败，厢房也被改建，同时又加装老虎天窗等，但粉墙黛瓦，长门漏窗，方砖铺地，从高处眺望，还能一睹它的芳容。这是在市区，若在广阔的郊区，可能还有别的遗珠。

在寻访中，我们发现还有几座并不正宗的绞圈房，体形是绞圈房平房，但前埭已改为围墙和石库门，没有墙门间，对此有人称为“墙圈房子”。以坐落于浦东新区陆家嘴路160号的“颍川小筑”（又称陈桂春住宅）最为著名，此宅现为吴昌硕纪念馆（图5-4）。

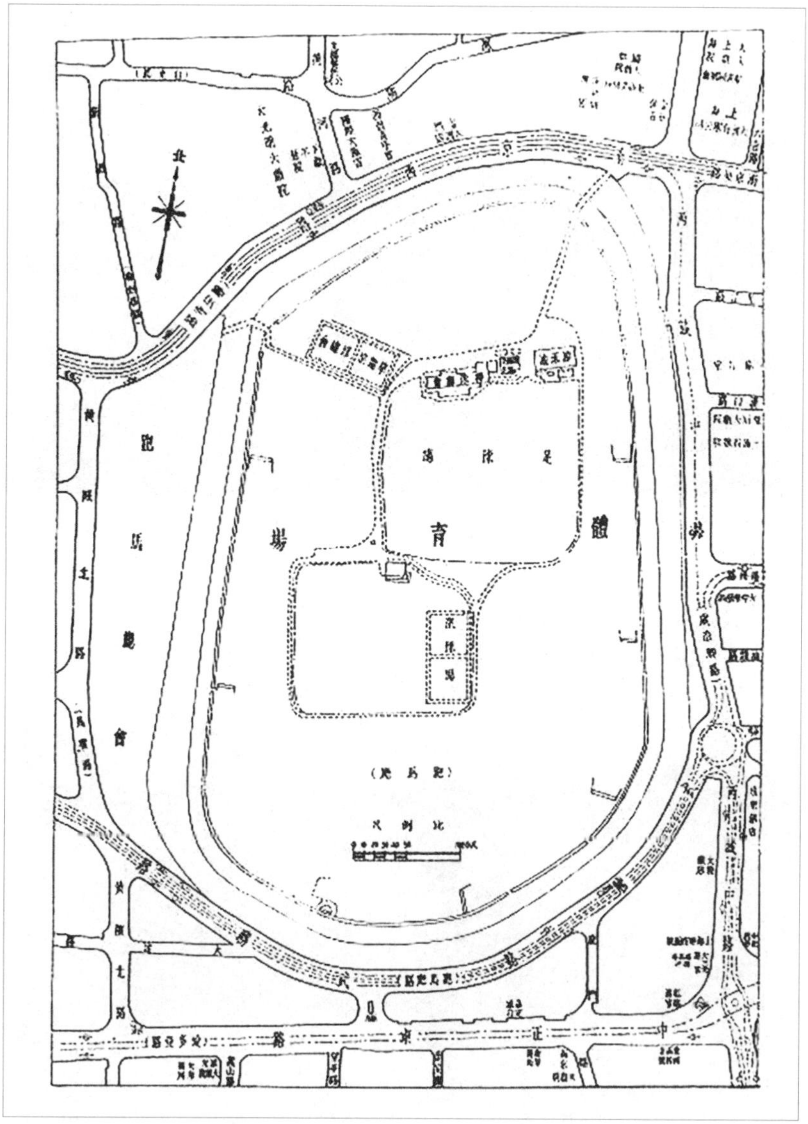

5-2　上海跑马厅的老地图

5-3 复兴中路姚氏绞圈房客堂长门漏窗

5-4 本书作者之一朱亚夫在吴昌硕纪念馆

综上，上海绞圈房现在形势严峻，不容乐观。但是濒临灭绝的绞圈房原是上海真正的本地老房子，是我们先辈居住的房屋，它是上海江南文化和城市记忆不可分割的一部分，故抢救与保护绞圈房迫在眉睫。

三、绞圈房的保护

上海绞圈房的保护工作经历了一个漫长的过程。

开始时是学界对上海有一种名为“绞圈房”的老房子的视而不见。这表现在上海各类建筑报刊、书籍中均无提及，全以泛称“老房子”“江南民居”等一笔带过。褚半农先生于20世纪90年代初在《劳动报》上第一次公开提出了“上海本地老房子是绞圈房”这一观点。经20多年的沉寂后，2012年2月他在《文汇报》上又发表《关注又一种老房子》一文，才获得大家的纷纷响应。2012年8月1日，朱亚夫在《新民晚报》写了《忘勿脱老宅“绞圈房子”》，自此以后，他先后写了30多篇文章。在媒体的热情支持和一大批绞圈房爱好者的努力下，具有上海本地建筑特色的民居——绞圈房终于洗去历史的尘埃，重新出现在世人的视野中。

继而又出现了两种论调。一是不认同绞圈房是上海老房子。有些人认为，上海已有老房子石库门，何必再搞绞圈房？这种将绞圈房和石库门对立起来的观点，既缺乏唯物辩证主义，也没有实事求是的态度。绞圈房是石库门之前长期存在于上海地区的民居，我们岂能视而不见？只有重视绞圈房，我们才能传承和发扬上海传统文化，才能真正搞清石库门的由来。二是肆意将绞圈房范围扩大化。上海绞圈房基本特征是绞圈而成的平房，可有些人不仅将无绞圈之状的“一正两厢房”的三合院视作绞圈房，还将两层的楼房也当成绞圈房，甚至将不是民居的祠堂也归并进来，将绞圈房范围肆意扩大，导致上海一下子冒出了几百座“绞圈房”，这样也就丧失了保护绞圈房的根基。

转机发生在2016年4月，迪士尼乐园的第二期工程正式启动，坐落于浦东周浦棋杆村、上海少见的保存完整的绞圈房顾家承裕堂（图5-5）面临拆迁的消息传了出来，上海本地一些热爱本土文化、关心绞圈房的人坐不住了，经冯国鄞教授牵头，朱亚夫主动请缨，执笔起草了一份题为“请给上海本地老房子一席之地”的报告，报告呼吁：引进迪士尼，莫忘老祖宗，请给绞圈房留一席之地。

报告提出，经过有关专家和有识之士的论证，真正的上海本地老房子并不是石库门，而是绞圈房。上海石库门建筑近几年已保存了不少，还建有上海石库门屋里厢博物馆，但是上海本地的老房子绞圈房却处于濒危境地。因此，为了传承海派文化，保护历史文化遗产，给我们的下一代留下先辈的智慧与结晶，我们呼吁在顾家筹设“上海绞圈房博物馆”。其理由有三。一是它有厚重的历史积淀。据悉它建于19世纪初，迄今已有近200年历史，顾家已在这座绞圈房中延续了9代人（图5-6），现在居住其间的顾梦生原来从医，今年已93岁高龄。二是顾宅是标准的上海绞圈房，比较典型且保存完好，只须稍加修整便是一个具有上海本土特色的爱国主义教育基地。三是它与比邻引进的上海迪士尼乐园，可谓中西结合、土洋混搭，肯定会吸引广大游客，尤其是外

5-5 顾家绞圈房挂匾“承裕堂”

国友人参观。若修旧如旧，改造成农家乐、民宿，也是一个博人眼球的特色民宿，会成为浦东的旅游品牌。

在这份报告上签字的有朱亚夫、褚半农、陆邵明、李东、冯国鄞和朱渊澄，这些都是多年为保护绞圈房奔走呼号的人。这份报告送到了浦东新区政府、上海历史博物馆、上海市文物保护研究中心、上海城市规划设计院等有关部门。新闻媒体闻讯而来，先后整版报道。《新民晚报》还动用无人机，对顾家绞圈房子进行航拍，于是南汇周浦地区米斗状绞圈房的美丽身影亮相上海滩，一时间绞圈房成为上海街头巷尾热议的话题。

从此之后，上海媒体开始关注绞圈房，接连发表报道。《新民晚报》记者董纯蕾发表《保护“绞圈房”，留住上海记忆》的整版报道；《新闻晨报》记者谢克伟发表《绞圈房子市中心仅发现 3 处，整体保存情况不容乐观》报道。有关部门也行动起来，经过

5-6　南汇周浦《顾氏宗谱》

专家评审、领导批准，南汇周浦地区的顾家、张家绞圈房被定为浦东新区文物保护点，由原住民和村委联合保护，终于避免了被拆迁的命运。

《上海市优秀历史建筑和历史风貌保护条例（草案）》第十条（保护对象的确定标准）：建成三十年以上，并有下列情形之一的建筑可以确定为优秀历史建筑——

建筑样式、施工工艺和工程技术具有建筑艺术特色和科学研究价值；

反映上海地域建筑历史文化特点；

著名建筑师的代表作品；

在我国产业发展史上具有代表性的作坊、商铺、厂房和仓库；

其他具有历史文化意义的优秀历史建筑。

上海绞圈房完全符合此标准的第一、第二条标准，尤其是第二条“反映上海地域建筑历史文化特点”，那更是字字相扣。根据《中华人民共和国文物保护法》的规定，文物保护指的是对具有历史价值、文化价值、科学价值的历史遗留物采取的一系列防止其受到损害的措施。文物大体可分为可移动文物和不可移动文物。有价值的古字画、陶瓷等属于可移动文物；有价值的古墓葬品，一定时间、地区的代表性建筑都属于不可移动文物。不可移动文物根据其历史、艺术、科学价值，可以依法确定为全国重点文物保护单位，市级文物保护单位和区、县级文物保护单位。尚未核定公布为文物保护单位的不可移动文物，由区、县人民政府文物行政管理部门予以登记，并公布为文物保护点。现在，顾家、张家的绞圈房被定为浦东新区文物保护点就等于有了保障。可喜的是顾家绞圈房挂匾“承裕堂”，与村委一起联合打造绞圈房陈列室，这就向建设博物馆（纪念馆）的方向又前进了一步。

更令人高兴的是，上海建筑界的专家、学者也纷纷参与探讨。2016 年秋天，拥有众多建筑专家的上海石库门文化研究中心在其办公地点召集有关人士开了座谈会（图 5-7），听取情况后分析了绞圈房的现状。2018 年 5 月，在陆杰城市影像工作室里，上海石库门文化研究中心娄承浩先生主持进行了绞圈房专题研讨会（图 5-8），有 30 多位专家和“爱绞”人士参加了会议。经过热烈讨论，基本上达成了共识：上海绞圈房是江南文化的一个分支，是一种具有上海本土建筑特色的老房子，是有浓厚历史积淀的百年老宅，它见证了上海开埠前的漫长岁月，有着自身的发展历史，不应该被我们上海人遗忘，而应该与石库门一样，被加以保护，成为我们珍贵的文化遗产，成为我们美好的回忆。

5-7　上海石库门文化研究中心召开绞圈房座谈会

5-8　绞圈房专题研讨会

现存绞圈房一览表

序号	地区	地点	名称	现状
1	宝山区	罗店镇远景村	王宅	区不可移动文物
2	嘉定区	华亭镇毛家村 19 号	余庆堂	区文物保护点
3		马陆镇大裕村	徐家宅	留有仪门头
4	浦东新区	合庆镇王桥路 999 号	陶长青宅	度假村
5		合庆镇勤益村东张家宅 53 号	张兰堂	
6		瓦屑镇平桥村徐家宅 162 号	徐家小绞圈	普通民居
7		瓦屑镇瓦南村陆弄 261 号	陆家宅	严重破坏
8		瓦屑镇红桥村东周家宅	东周家宅	已部分拆除
9		川沙镇六团杜尹村西严家宅	不详	留有仪门头
10		张江镇中心村养正宅 61-62 号	艾宅	区文物保护点
11		航头镇王楼村西傅家宅	傅雷故居	区文物保护点
12		周浦镇周祝公路棋杆村平村 510 号	顾宅	区文物保护点
13		周浦镇棋杆村平桥新宅路 472 号	张宅	区文物保护点
14	静安区	海宁路 780 弄 22、24、26 号	钱氏老宅	区文物保护点
15	闵行区	马桥镇江川路 2060 弄 101 支弄 27、29、31、35、37 号	金庆章故居	区不可移动文物

随着人们认识的不断提高，思想的逐渐统一，大家对于绞圈房的保护行动也积极起来，原来湮没城乡的绞圈房不断被发现、被挖掘，这自然是令人欣喜和振奋的事情。当然，对绞圈房也并不是统统保护，而应该以区为单位，分门别类调查研究，再根据实际情况进行保护。从现在实践的情况来看，已有四种模式可借鉴：

一是居民（村民）和村委共同保护，以居民（村民）为主，如浦东棋杆村顾家绞圈房。

二是将其辟为故居，如傅雷故居。

三是辟为纪念馆、展览馆，如浦东陆家嘴的吴昌硕纪念馆。闵行区将在绞圈房中开设“农耕文化展示馆”，主要目的是收集、存留、研究和展示上海在农业文明时期那些生产、生活器物以及记忆。

四是经过改造，可作农家乐、民宿、度假村等，如浦东新区合庆镇陶长青宅。

四、上海市政协文史委的重视

习近平总书记在纪念孔子诞辰2565周年国际学术研讨会暨国际儒学联合会第五届会员大会开幕会上的讲话中指出：“不忘历史才能开辟未来，善于继承才能善于创新。优秀传统文化是一个国家、一个民族传承和发展的根本，如果丢掉了，就割断了精神命脉。我们要善于把弘扬优秀传统文化和发展现实文化有机统一起来，紧密结合起来，在继承中发展，在发展中继承。”绞圈房是颇具个性特色的上海民居，它传承了中国四合院建筑的精髓，是在特定地域综合条件下脱胎出来的上海特色民居（图5-9）。研究、保护绞圈房子，并非与石库门针锋相对，而是还原历史真相，传承优秀江南传统文化。

正是因为大家对绞圈房的保护越来越重视，2018年8月浦东新区合庆镇一座有着100多年历史的绞圈房不慎被拆后，引起上海市政协文史委高度重视。8月28日，文史委组织部分政协委员和有关专家去合庆镇和周浦镇考察绞圈房；9月13日，召开“绞圈房研讨会”，会议旨在对绞圈房现状进行分析判断。“绞圈房保护难度在于它相对比较独立，一栋两栋零星散落，难以做到成片保护。”上海市历史文化风貌保护区和优秀历史建筑保护专家委员会委员王安石认为，必须要根据不同情况，因房而异，“有的可以让居民居住，有的政府可以拿下来做展示馆、服务中心，还有的可以结合地区规划，进行功能调整，实施深度开发”。他提出可以借鉴长宁来福士在开发设计时保留圣玛利亚女校建筑的做法。对于乡土风貌的保护，要更加注重样式的抢救和文化的抢救。华东师范大学教授田兆元认为，需要对绞圈房进行详尽的调查，建立起数据库，深入挖掘房屋样式、居民生活形态、口述历史等数据资料。他建议尝试在一定的村落全样式重建，以实体形式呈现出来，用于别墅开发、新农村建设、农家乐或旅游开发，让游客在休闲旅游中加深对上海文化的理解。市政协常委、文史资料委员会主任马建勋表示，保护历史风貌，既要保护一些名人故居、一些有纪念意义的地方，也要重视民居、世世代代居住过的这些老房子，这或许是上海文化、江南文化的一种传统基因，

5-9　承裕堂绞圈房

也是一种文脉。他表示，未来希望将保护较好的绞圈房作为陈列馆以传播上海的历史文化。

最后，马建勋主任对加强绞圈房保护工作提出五点意见：

一是建议政府多个部门重点关注绞圈房，要在摸清现状、分析价值的基础上通过专家论证，进行列名分级保护。

二是形成共识，创新保护。要根据绞圈房的特点、保护难点，因房、因地制宜，分类保护，有条件的要考虑成片保护，并注意保留好相应的乡土环境（包括农田、河道）。

三是注重绞圈房的特色和价值分析，建议组织专业人员进行专题调研，建立数据库。

四是突破目前保护上的瓶颈，对仍有住户居住的绞圈房，先行解决好水、电、煤等居住困难问题，对确实不适合居住的绞圈房，由政府征收，兼顾各方利益，活化利用。

五是加强宣传教育，要观点鲜明、具体。文化、宣传部门应特别注意乡土文化、民间习俗的研究和宣传，并和农家乐、旅游景点相融。

这五点意见针对性强，又有可操作性。大家都期待着集上海真正本土老房子之大成的“上海绞圈房博物馆”早日问世，使其成为了解上海地方史和先民起居史的重要窗口，在建设社会主义精神文明和践行社会主义核心价值观的过程中，发挥其独特的作用。

第六章 绞圈房的文化空间

上海绞圈房是真正具有本土风貌的特色老房子，是上海开埠前小康之家的大宅门，可以说它是中国传统民居的一朵奇葩。绞圈房无论是在选择环境、设计造型、装饰格局上，还是它内部的文化氛围方面，都浸淫着中华传统，透露出浓浓的文化气息，是一种充满诗意的居住空间。

一、文化传承

绞圈房作为上海地区本土老房子，是我国古建筑的一个组成部分，中华传统文化深植于绞圈房各个方面。

首先，从绞圈房选地择址方面来说，体现了我国“天人合一”的传统理念。

中国传统建筑历来重视地理环境，讲究朝向、位置、采光、通风和交通。旧时称“看风水”，现在是“生态环境”。因此造房大多选在靠山面河、林木葱茏之地。有山，易取其势，排水顺畅；有林，易取其物，鸟鸣果香；有河，利于捕捞，养饲家畜。上海位于冲积平原地带，无山可依，故绞圈房大多选在河流之畔、竹林之旁。有河流，既有风水之利，又有舟楫之便，同时兼顾安全性。所谓国有国防，城有城墙，宅有宅河。当年嘉定许氏老宅许家祖上以酱菜业为基业，腌成的酱菜就从宅后的小河里运出去，就此攒下第一桶金。若屋前无河或河流淤塞，也要合力开挖，尽力疏浚。我们踏访的郊区绞圈房，就大多有河有竹林，如浦东顾氏绞圈房、张氏绞圈房和嘉定华亭镇许氏老宅，浦东顾氏绞圈房早期宅河上还设有吊桥（图 6-1）。

其实，宅后竹林也不是绞圈房专有，我国历史上就有在住宅边种植竹林的传统。宋代大诗人苏东坡就有“宁可食无肉，不可居无竹”的名句。古代不少儒生好竹，常以“竹”命名自己居室，比如晚唐诗人李群玉的“水竹居”、宋代散文家王禹偁的“黄冈竹楼”（图 6-2）、明代学者叶盛的“菉竹堂”等。

考证绞圈房后种植竹林的功能，归纳起来总共有以下三点：

一是陶冶情操的作用。竹，枝杆修长，四季青翠，凌霜傲雪，虚心直杆，中空外坚，坚韧挺拔，宁折不曲，故倍受中国人民喜爱。房舍与之邻，日常赏其倩影、仰其高风、品其气节、效其品格，在潜移默化中，陶冶情操。

二是美化作用。翠竹四季长青、富有生机，枝杆参差，竹叶婆娑，种植屋边宅后，可美化环境、净化空气、增添活力。

三是实用功能。绞圈房后种植竹林，春天能吃到新鲜的春笋，粗壮的竹子能当晾衣杆，普通的竹子还能用来制作晾鞋杆、竹篮、竹筐、竹椅、竹榻等日常工具。竹林也是绞圈房戗篱笆的原料来源，砍下竹子，十字形剖开即可编成戗篱笆，自产自用。竹林也是百姓儿时活动的天地。

因此，绞圈房这种傍湖近河、宅后植竹的选址，很切合我国“天人合一”的传统理念。南通大学地理科学学院副教授、绞圈房原住民朱骥德先生就说：“这样住宅周围有了环抱水流，凝聚天地的生气，可用水凝聚纳福于住宅中。住宅落成后，又在房前开辟花坛，屋后营造竹园，周边沿浜广种树木，构筑起自然与人文统一的宅院景观小区。绞圈房是上海这片土地上祖先奋斗和创造的历史实录，它收藏着生态建筑的智慧、天人合一的哲思和诗礼传家的情感，传达出当地人民的价值观和审美观。这是一笔无形的精神遗产。”

6-1　周浦棋杆村顾宅绞圈房的宅河和竹林

6-2　王禹偁的“黄冈竹楼”（潘谷青画）

其次，从绞圈房的米斗状造型来看，表现了我国“大而一统”的思想。

每一种民居都要有自己鲜明的特色和造型，如云南的高脚楼、福建的土楼等，绞圈房的造型就是米斗状（图 6-3）。

绞圈房既有江南庭院的特色，又有滨海城镇的建筑特点。它四面有房，绞圈而建，左右对称，庭心居中。从平面而视只是一座低矮的宅子，好像没什么特色，但从空中俯视便可清楚地看到“绞圈”造型，整个建筑呈现一个巨大的米斗状，象征着家族日进斗米、兴旺发达、相互守望的美好愿望，整体画面温馨和谐，是一种很有设计美感的建筑式样。

我国建筑有庭院在内、房子在外的特点，即房子包围院子。房屋、墙垣等围合成院落，以院为中心，或是以主单元（正厅）为中心，次单元（两厢）围绕主单元，廊沿、步廊相连接，组成一座建筑。上海绞圈房就继承了中国建筑的这一传统。把院子作为建筑平面的组成部分，使得室内、室外空间融为一体，以房廊

6-3　绞圈房的米斗状造型

作为过渡空间，富有生活气息。整个建筑不是杂乱排列，而是以中轴线为中心，左右对称，同时庭院周围的建筑相互关联。但合院建筑不是群体，而只是“一座”建筑。这种内向层次型的建筑空间模式，体现了我国自周代以来宗亲和谐大一统的思想。

再次，从绞圈房的格局来看，反映了我国“敬祖尊老”的传统美德。

像样一些的上海绞圈房，都遵照我国儒家文化的要求，设立

6-4 嘉定徐裕村绞圈房仪门

仪门（图6-4），如“紫气东来”“克己复礼”“克洽雍熙”等；在客堂次梁要持堂匾，如“知美堂”“承裕堂”“恒心堂”等；在墙门间要放祖宗的牌位，逢年过节要祭祀礼拜，以儒家礼教来规范自己的日常举止。正像从小成长在绞圈房的民俗达人曹琪能说的那样：“绞圈房内的居住者都是同一宗族的子孙后代，其关系为父母、兄弟姐妹、叔伯侄等宗亲关系，其祖辈是相同的，长辈的权力是至上的，绞圈房内人相聚而居，财产共同使用，族内祭祖迎神的活动男女老少一同参加，是血缘家长制的真实体现。而其内部的构造更是证明了伦理制的权威性，其构造层次分明，等级不可逾越。前埭墙门间居中，对应着后埭客堂，门对门、窗对窗，厢房对应着厢房；客堂为整幢绞圈房的核心，客堂东侧辈位最高，西则次之；门埭墙门间朝南靠东为大，朝西南为小。其余依辈分排定，强调了聚族而居要遵守的尊卑秩序。”

2019年春节前夕，浦东顾宅绞圈房就在承裕堂举行了隆重的祭祖仪式，《新民晚报》曾以“绞圈老房喜迎五代同堂祭祖先读家训传承好家风”为标题，醒目地报道过该次仪式。可以说，在一座绞圈房里，沉淀着浓厚的中华文化传统，深藏着上海的民俗民风。

二、公共空间

上海绞圈房绞圈而建，看似戒备森严，封闭沉闷得很，其实它外紧内松，里面舒缓通畅，有许多公共空间，从墙门间、庭心到客堂、后庭心，再经穿堂、廊沿，可自由出入各家屋内。每户人家还都有自家的后花园，竹林摇曳，还有几亩自留地。这有利于维护绞圈房中宗亲之间相互守望的关系，也为生活在这里的少年儿童提供了玩耍的广阔天地，体现了绞圈房“以人为主”的人文关怀（图 6-5）。

首先，绞圈房中四通八达的公共空间，便于宗亲之间的交流和互帮互助。居住在绞圈房中，就是下雨天串门也可不湿鞋，真正做到了鸡犬之声相闻，饭菜之香互送（图 6-6）。

墙门间的后面是宽敞的庭心，面积约有四个墙门间大，中间的通道用青砖铺地，两边是泥地和砖地各一半。顾名思义，庭心是绞圈房的中央地带，便于洗晒衣被和晾晒果蔬，各家也可以在这里进行娱乐活动，可以玩打弹子、跳绳子、踢毽子，还可以剥毛豆、吃甜芦粟、用甜芦粟学做灯笼等。后庭心设有水井，冬暖夏凉。盛夏时，早晨投放几只西瓜在井里，午饭后捞起切开，那清凉甜美的味道绝不亚于冰镇西瓜。各家的灶间除置木门外，另设半扇门高的腰沓门。平时烧饭时，腰沓门既能通风透光，又不至于让人把屋内空间一览无余。泥地灶间主要为了防火，但也有其他妙处，譬如家中有人外出打工，可在灶间泥地上铲下一撮土，用红纸包好，放入外出打工者内衣中。据说灶间之土能保佑游子平安，不忘家乡。

其次，绞圈房中可用于公共空间的房间很多，这些房间既可进行家族活动，也可对外开放，让房内的住户看到外面的精彩世界。

如果哪家有了婚丧大事，那绞圈房里肯定热闹非凡，院子中人来人往，客堂中吹吹打打，到了晚上，汽油灯高悬客堂梁间，将老屋照得如同白昼。若绞圈房中的长者去世，人们会在客堂中

6-5　绞圈房风情

6-6　嘉定毛家宅余庆堂许家老宅

设立灵堂，并卸下门板当停尸板，将死者放置其上，门板后点上油灯，昼夜不息。再请上十来个道士诵经超度，那经书用宣纸装帧，用特制的牙签才能翻阅。客堂的墙上，挂满了亲朋好友送来的挽联，白纸黑字随风轻摇，表达哀悼之情。

绞圈房子的民俗很有沪地色彩。2014 年 1 月 24 日，《新民晚报》姚志康先生发表了一篇《绞圈房子里的民俗》，里面有这样一段描写："绞圈房里的民俗如今要是复原出来完全可以当作旅游景点。儿时，每逢清明、冬至的祭日，祖母领着儿孙去隔壁高祖老宅墙门间祭拜先人。墙门间梁下悬吊着一个神龛，神龛里摆放着祖宗牌位。夏至那天，客堂间看枋（与三道梁并列的扁方形横梁）下垂吊一杆大秤，族里孩子都来称体重，那天必吃草头塌饼。农历七月半俗称鬼节，天一擦黑，大人孩子人手一把棒香，在宅前屋后的地缝里扦插，黑夜里香火星星点点，驱鬼保平安。"

由于绞圈房中公共空间多，村庄中的有些公众活动往往也在此进行。从本书附录中的十多篇文章中我们可看到，在抗战时期，有的绞圈房成了战时指挥部，还有的成了伤兵医院。平时村里来了工作队、调查组等，往往借住在绞圈房中。

绞圈房的空余之房也经常用来出租，租客来自四面八方，为绞圈房带来了生气。朱亚夫幼时家中的绞圈房前埭的次间曾租住过一位宁波籍的裁缝师傅，长得胖墩墩的，一脸和气。他有一手绝活是一边裁剪，一边说书讲故事，因此小孩子都爱上他那里串门、听故事。他肚里的故事很多，小孩们最爱听的是《薛仁贵征东》《薛丁山征西》《罗通扫北》等，讲到精彩处他还会哼唱几句，让人听得如痴如醉。

再次，绞圈房里的公共空间具有多种多样的特点，既为儿童玩耍提供了平台，有些空间也成了难忘的乡愁。

可以说绞圈房好比儿童乐园。比如游戏，这里既有上海市区石库门弄堂的海派情趣，也有近郊农村的特有野趣；既有城里的“三子”（打弹子、跳绳子、打香烟牌子），还有市郊特有的抓知了、斗蟋蟀、捉麻雀、打泥仗、放风筝、顶铜器、躲猫猫、抽“贱骨头”（陀螺）等。玩躲猫猫游戏时，藏身之处可多了，既可潜入客堂间的柴草垛，也可躲进穿堂门后，让人好找。放学后，可以经常约同学们来绞圈房子里一同做作业，因为这里别说是来四五个同学，就是来了十几个同学，也完全能容纳得下。每当大家做完作业，就在客堂或庭心里，搁上一块门板打乒乓球，因此好多绞圈房子中的小伙伴都是学校打乒乓球的好手。地藏王节之夜，绞圈房中除玩兔子灯外，还有落苏（茄子）灯：选只丰满的落苏，用线悬之，一头系之于竹杆；落苏周身扎满点燃的七彩棒香，在夜幕下，就是一只闪闪发光的落苏灯，那可是儿时的抢手货。而棒香燃尽就成了香棒，那可是“挑香棒”游戏的工具。翻阅《上海风俗·四时八节》，内云：“农历七月卅日，俗称地藏王生日，……大街小巷地面与住所庭院周围，插棒香，点蜡烛，遍地闪亮，这叫‘点地香’或‘点地灯’，也叫‘地藏王灯’。”关于绞圈房子的生活闲趣，朱亚夫曾写就一首《咏绞圈房子》的诗，诗中这样写道：“俯瞰绞圈似米斗，河边翠竹鸟啾啾。黄篱斑驳深庭院，清荷弄影泛扁舟。小犬倦卧墙门间，阿婆闲话客堂头。厢房时闻稚童声，百年老宅披锦绣。”

最浓不过故乡情，绞圈房中的童年时光是令人难忘的，也最易产生乡愁。2016 年 5 月 31 日《新民晚报·夜光杯》曾经刊载过朱亚夫写的《踏访绞圈房子》一文，描写了他重见绞圈房时的情景："春天唤醒了大地，也似乎打开了历史的闸门，我们一行走进了上海本地的老房子……因为拆迁，我离开'绞圈房'已有 30 多年了，虽然梦里经常见到它，但现在真看到它，还真有些'几番欲找它，近前情又怯'之感。终于到了掩映于绿树下的顾家绞圈房，噢，那宛如梦境，却又十分亲切。它五开间四厢房，是标准的上海绞圈房。它呈歇山造型，黛瓦粉墙，远远望去，它像一座山丘，坚实地屹立于村落中。"以后，当朱亚夫在《天地图》历史影像中找到 1979 年航拍地图，清晰地发现祖宅绞圈房子的航拍影像，那兴奋之情无以名状。他还复印了几份祖宅的历史影像，分送兄弟和族人。对于从小成长在绞圈房的人来说，那一缕乡愁十分强烈。

三、书香气息

绞圈房子是上海滩的大宅门，居民中好多是书香门第、耕读人家，有的还内设专司启蒙幼童的塾所，也有主人著书立说的书房，传递出浓郁的瀚墨书香。《上海住宅建设志·旧有住宅·古老住宅》中就对合院古建筑的房屋格局这样指出："正厅前左右对峙的厢房，或供晚辈居住，或作饭厅、书房。从门楼到各房，有走廊相通，穿过耳房或避弄，进入第三进院，有的即为后院。"

根据原九九关爱网顾问朱渊澄先生提供的《续修鹤沙沛国朱氏宗谱》记载，清雍正至乾隆年间（1730 ～ 1742），在浦东鹤沙朱家潭子建有一座绞圈老宅，距今已近 290 年的历史，其先祖朱听在元末动乱时从北方迁居而来。其宗谱显示，其四进深的绞圈老宅名曰“怡仁堂”，在三进的右面次间设启蒙幼童的塾所“爱莲书屋”（图6-7），与其对称的左面次间则设宗族塾馆“畹兰书屋”，专司科举应试教育，师生之间多有唱和之诗，书香浓浓。有年门生将赴京应试，老师陆耕吾曾寄赠《满江红》一首，诗云：“六载周旋，都说是知心师友，请问你，功名耽阁，私埋怨否。只望鹏飞云路远，还教鹤伴梅花瘦。道先生且勿赋归来，须仍旧。”写出了六年师生的情意。

清代著名学者、一代儒宗钱大昕（1728～1804），他的故居潜研堂是一座墙圈房（墙圈房是绞圈房的一种，图6-8）。钱大昕是江苏嘉定（今上海嘉定）人，据考证此宅购置于1768年。钱大昕少时聪敏，喜读书，辞章为“吴中七子”之冠。乾隆十七年（1752），乾隆巡游江南，江南才子纷纷进表献辞。钱大昕的献辞倍受青睐，被列为头等，召至江宁行宫面试，定为一等三名，特赐举人，授内阁中书，其成就与纪昀并称“南钱北纪”。钱大昕晚年归隐田园，潜心经史，曾主讲钟山、娄东、紫阳等书院。《钱大昕全集》中有一部《潜研堂诗集》，内有《春日闲坐》诗，写了他的家居之情：“五亩城西路，郊居赋若何？鸟声新雨过，帆影夕阳多。酒熟人初醒，诗成客解歌。生来耽习静，闲坐说禅那。”其他如“小屋才三椽，编茅以盖之。老农八九家，卜邻亦于兹”“我庐亦何有，桃李三两株。春过结实好，童稚来徐徐”等，他描写的情景与现在的潜研堂大体相符。

潜研堂地处嘉定区中心的孩儿桥附近。《嘉定县志》有这样的记载：“在孩儿桥的南面，是钱大昕的住宅，有曹秀先题的匾。潜研堂的左边有‘四茧堂’，有翁方纲的题匾。”“潜研堂”取潜心钻研、细心考订之意，这是钱大昕一生的读书治学经验。钱大昕

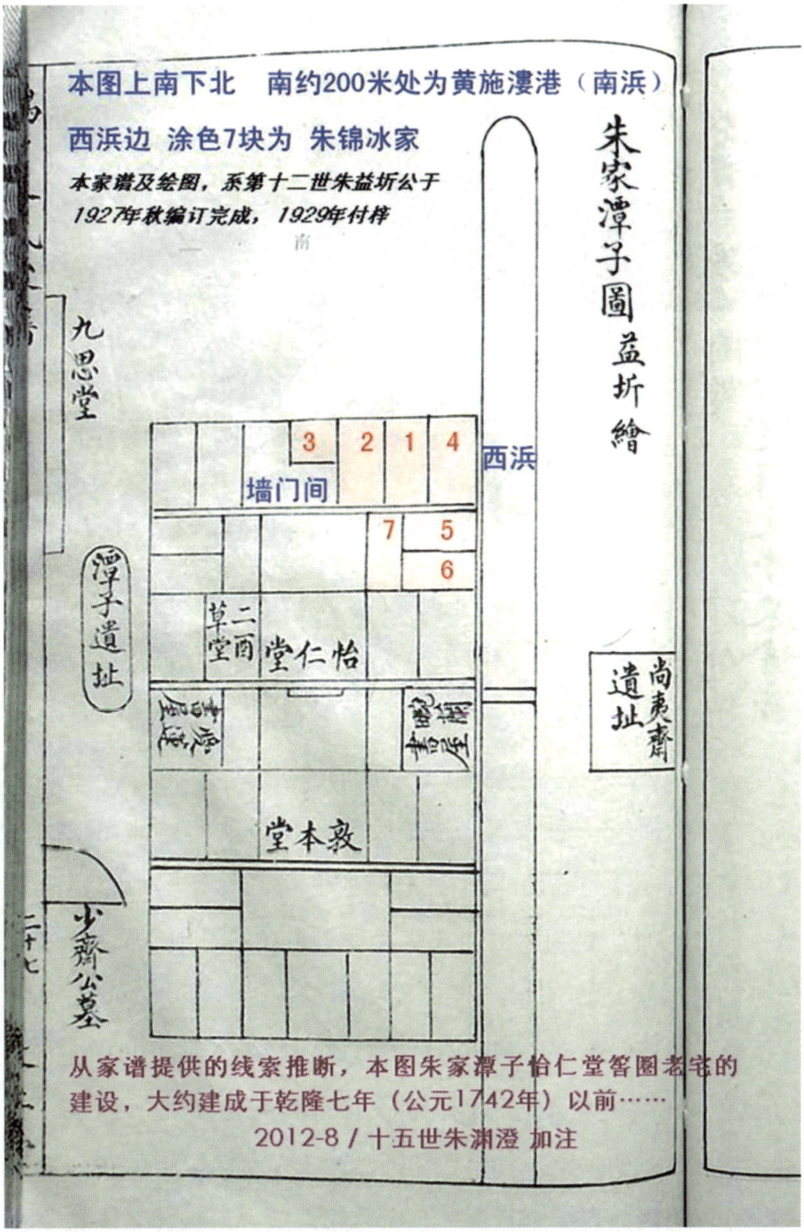

6-7 《朱氏宗谱》中记载的书屋图示

6-8　钱大昕故居潜研堂

另有一个书房名“十驾斋”，典出荀子《劝学》：“骐骥一跃，不能十步；驽马十驾，功在不舍。”马早晨驾车，晚上卸驾，因称一天的路程为一驾，“十驾”即为马驾车走十天的路程。“驽马十驾”，其意比喻锲而不舍。钱大昕取斋名“十驾”，既为自谦，也为自勉，意在勉励自己钻研学问，当坚持不懈、锲而不舍。他有一本文史杂著便题名“十驾斋养新录”，其书斋联“寄趣林亭放怀山水，娱情丝竹至乐咏觞”，甚有书香味道。

有“上海第一老人”之誉的晚清末科秀才苏局仙先生的故居苏家楼，又名东湖山庄，是一座绞圈房，其孙苏永祁称故居是“三进两厢加西侧屋的清代古民居”。这座至今已有280多年历史的苏家宅现为浦东新区文物保护单位，直到“文革”前仍保留着一批旧时名家题写的匾额、楹联、砖刻，烘托出昔日的文化底蕴。前埭中屋（俗称墙门间）匾文“东湖山庄”四字，由康、雍、乾三朝重臣，官至保和殿大学士、军机大臣的张廷玉所书。外仪门阳面有砖刻行书“东山芳躅”四字，为著名画家董其昌所题。第二进“惟勤堂”的堂匾，是康熙年间内阁学士沈白所题。惟勤堂中的抱柱楹联“鹤群常绕三珠树，花气浑如百和香”，是康熙四十八年（1709）进士，官至刑部尚书的著名藏书家、书法家张照所书。苏局仙先生本人是诗人，曾出过多部诗集，写过一首《自嘲》诗（图 6-9），表达其晚年家居的心情，富有诗情画意：“浮生逾百不知愁，呆坐山斋作楚囚。饘粥三餐半盏酒，客来抵掌话千秋。”他精于书法，曾获“全国群众书法征稿评比”一等奖。朱亚夫曾获苏局仙先生、苏健侯和苏永祁祖孙三代墨宝（图 6-10），可见其书香门第的翰墨家风。

现被列为保护建筑的浦东张江镇艾家老宅，迄今已有 100 多年历史。其祖先艾可久是正宗上海人，明嘉靖四十一年（1562）进士，授太常博士，擢升南京御史、通政使。艾可久任通政使时曾迁居上海南市城厢，现老城厢内“艾家弄”因此而得名，如今尚存绞圈房遗迹可寻。浦东孙桥现留存的艾氏民宅为艾可久后裔所建，是并不多见的双绞圈典型，2003 年被列为文保单位。老

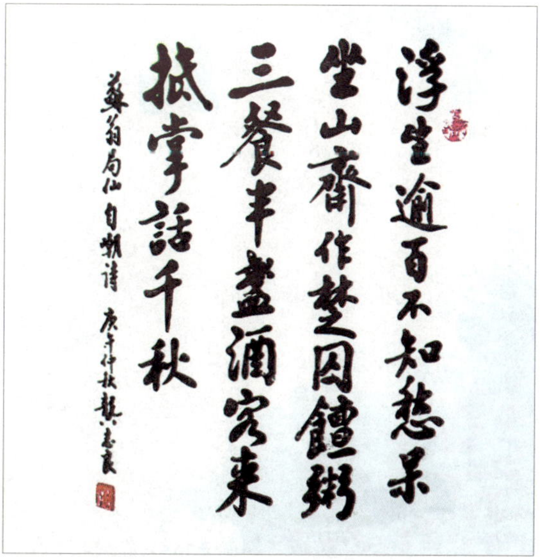

6-9 苏局仙先生的《自嘲》诗

宅中仍有诗香留存，厢房内有红木柜、红木床等家具，其中红木雕花大床留有诗文："故园宛在画屏中，百草新晴翠愈浓。苍瓦滴珠烟漠漠，秀篁穿目雾蒙蒙。风摇桂子催人醉，雨里蔷薇扑面红。青鸟不须先探眼，殷勤传依告家翁"，写出了绞圈房子中的诗情画意。东庭中心厅内置匾额"恒心堂"，这是由沈玉麒于清宣统元年（1909）题书。艾氏后人称："艾氏10世艾承禧拓宽兴修艾宅后，不久病故，续有侄艾曾格修补置。艾曾格因父艾从禧早亡，由父兄艾承禧抚其孤至立。曾格念其恩，敬其志，特置匾纪念。"从艾家老宅中走出的艾氏后人艾中信，是著名的现代画家，1936年考入中央大学艺术系，后师从徐悲鸿、吴作人、吕斯百学油画，同时选修中国画。晚年，艾中信对故园的乡土情结愈加强烈，他笔下的河桥、老屋、云树、园林、庭院、场地，都寄托着他的深情厚意。在名作《夕阳照故园》（图6-11）里，紫色的暮霭中，那一抹夕阳含情脉脉，仿佛是画家心中泛起的无限思乡

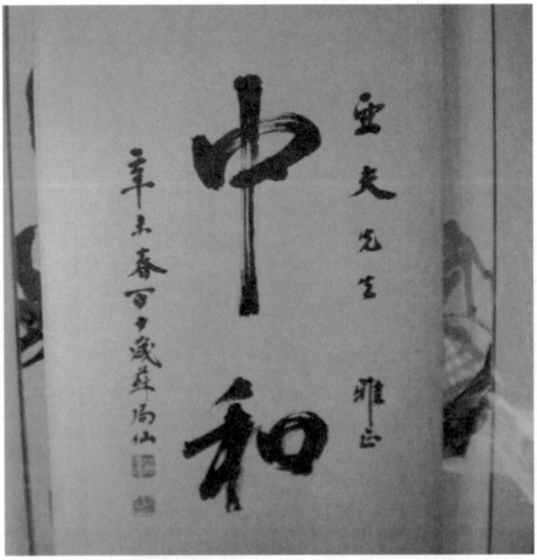

6-10　苏局仙先生墨迹

6-11 艾中信名作《夕阳照故园》

6-12 吴昌硕纪念馆中的吴昌硕书房

情愫。

浦东新区陆家嘴中心绿地的南侧，保留了一幢墙圈房，这是近代实业家陈桂春建造的颍川小筑，现辟为吴昌硕纪念馆。有间厢房特改建为吴昌硕的书房画室（图 6-12），案上陈放着文房四宝，老宅有书香，向世人展示了当年吴昌硕的瀚墨生涯。

“孩童戏闹在客堂，小斋犹闻读书声”，浓浓的民俗风情与清雅的书香气息，是上海绞圈房留给人们的印象。

四、历史沉淀

前几年《新民晚报》上曾经刊登过一篇《神秘的墙门间》，这篇文章着重描写了绞圈房里的神秘生活。其实绞圈房的生活并不神秘，但是在上海建县以来的几百年历史中，古老的绞圈房中，偌大的家族群居生活和浓厚的历史气息，难免引起人们的好奇。

首先，百年老屋里流传着创业不易的传奇故事。

俗话说“安居乐业”，住房是庇护所，也是家庭团圆的象征。只有安居，方能乐业。住房是家庭开支的大头，造房建屋是家庭的大事。而要造绞圈房，少则十多间，多则几十间，那更是要倾尽毕生积蓄，不可轻率而为。因此，绞圈房的建造过程就总能衍生出许多传奇的故事来。

据《浦东史志》记载，上海旧时的城隍秦裕伯是元末明初浦东陈行（今闵行浦江镇）人，他在浦东秦家行有十埭九庭心的老宅，而这种十埭九庭心的房屋很可能就是早期的绞圈房。《浦东史志·上海城隍老爷秦裕伯与秦家老宅》云：“秦家老宅位于航头镇汇达村6组（现长达村12组），系秦裕伯之子秦钿所建。”据传，秦钿字昙窗，号北崖处士。有一天，他外出狩猎，见一鹤朝他啼鸣不已，视为好兆，回去禀明父亲，遂携款建造宅第，定居于此。往事遥远，秦家老宅已不复存在，但在当地建有秦裕伯纪念馆（图6-13）。

原上海九九关爱网顾问朱渊澄先生祖上汉思公所建的怡仁堂绞圈房，颇为传奇。某天晚上，汉思公正在屋里干活，老太太在天井里纺纱，听到东南方向的天空有隆隆之声，越来越近。但见天上云团如雁，西向而飞。云端并有如雷声响道："先富奚某某，后富朱阿九！"老太情急，脱口说道："那么，先借一点好哦？"话声稍停，只见半空中飞落银元宝二只，俯拾观看，元宝底部刻有"奚"字。嗣后不久某晚，果然飞银重演，刻有朱姓的元宝在隆隆声中飞进朱家天井。朱家将两只奚姓的元宝送还奚家后，其余元宝就用作建造怡仁堂绞圈房子的资金。这一故事反映了当时平民期盼发家致富的朴素愿望，至今仍在浦东航头、下沙一带流传。

据朱渊澄考证，雍正、乾隆年间一两银子可买一石米；清朝末年，一亩良田只要七到八两银子。汉思公 20 年收租累计 1400 石，谷子碾成米至少扣去二成，折成银子也还有千两之巨。虽足够盖这座绞圈老宅，然而这些白花花的银子，毕竟是他们夫妇毕

6-13　本书作者之一朱亚夫在浦江镇召稼楼上的秦裕伯纪念馆

生的积累，汉思公三代累加也不过十几口人，何必要盖这么大的宅居呢？“空中飞银”的故事能流传，也是对汉思公富而能仁的肯定。然而朱渊澄作为其第 14 世子孙，对这个传说自有另一种解读，那就是汉思公在西浜的西端“尚夷斋”旧址曾经挖掘到始迁祖朱听的窖藏，窖藏很可能就是几十只银元宝。离开濠州凤阳一带的始迁祖朱听，把家产全部变现后到鹤沙，建设号称当时七大园林之一的尚夷斋，然后把没有花完的大部分银子封存后埋入地下，这是完全合理的推断和解释。

《浦东地方志·浦东老地名》中有篇《大绞圈的由来》，说的是浦东三林镇临浦村的大绞圈。其得名也有一段有趣的故事。清咸丰六年（1856），当地人薛成山有 4 个儿子，为了盖新房便去经商，他去浦西买米运到浦东卖。一天在浦西一家米行，他与出走多年的妻子不期而遇，妻子闻其正在为儿子婚房奔忙，即以银元资助。当时，薛成山天天跑到地处南码头的泰裕木行看行情，老板闻其来意，不信他能通过黄浦江将木材运回家，然后两人打赌。最后薛成山买了 4 排木料，乘着黄浦江潮水水势顺利运回家。泰裕木行老板兑现承诺，将鞭炮高升送到府上，鞭炮声声，一时热闹非凡。薛成山又购进砖瓦等料，很快造好了计有 21 间房屋的绞圈房子（为其长子多造了 1 间）。一般人家的绞圈房子，面积大的有 20 间，小的 14 间，唯有薛成山造了 21 间，“大绞圈”由此出名。新中国成立后，临浦村下设薛家宅（后改平桥）、新屋、大绞圈等生产队建制。20 世纪 90 年代，公安机关在定户牌时改“大绞圈”为“大高圈”。

其次，绞圈房在平凡的岁月沉浮中有着不平凡的动人故事。

绞圈房是上海本地老房子，它见证了上海的变迁，经受了血与火的洗礼。我们拂去蒙在它身上的历史尘埃，依然可看到岁月的沉浮，听到一些可歌可泣的动人故事。

抗战后期，援华抗日的美国空军战机轰炸日军时，一架野马式 P51 型美军飞机坠毁在浦东三林镇临浦村的大绞圈东南 200 米处，飞行员美军中尉托勒特跳伞降落在大绞圈西 100 米处的麦田里。薛成山的第 5 代传人薛雨亭营救了他，几经转移把他安全送到了新四军淞沪支队。其后日军几次来大绞圈寻人，但找不到飞行员。日军抓住村民追问拷打，可谁都不说。日军并不甘心，就把时任保长的薛氏第 3 代传人薛和尚和他的 12 岁侄子薛境如抓到东昌路日军宪兵司令部，两人惨遭严刑拷打，仍旧守口如瓶，结果薛和尚被日军泡入水缸中淹死。一个普通、善良的百姓为救护盟军飞行员而献出了自己的生命。

近代外交家金庆章，上海闵行马桥人，其故居是一座绞圈房，在马桥镇彭渡村的荷巷桥老街南侧。清光绪二十四年（1898），金庆章官费留学日本早稻田大学法科。由于学习成绩优秀，金庆章获得日本天皇颁发的勋章，并且拍了照片留念。回国后，清廷授官内阁中书。次年，金庆章调任驻朝鲜仁川领事。1927 年秋，出任宝山县县长，后调任松江县县长。1937 年八一三事变后，日军占领上海，金庆章回到马桥镇赋闲在家。1937 年 11 月 7 日，日军占领马桥镇，相传有 3 个日本兵拿了火把要火烧马桥镇，当跑到金庆章绞圈房老宅（图 6-14），进门后却看到金庆章家中挂有天皇颁发勋章的照片，于是立即行礼，赶紧出门扔掉火把快速跑了，由此马桥镇幸免于难，逃过一劫。

坐落于陆家嘴绿地中的颍川小筑也有故事。抗日战争时期，日军宪兵队强占了颍川小筑，先后在此关押过众多抗日志士，好好的一座墙圈房一夕之间变成了人间魔窟。解放战争时期，颍川小筑被国民党警备司令部所占。上海解放前夕，中共优秀党员李白等人也曾被关押在此处，并从此处押至刑场英勇就义。

当然，颍川小筑这座建筑本身无罪，罪在绞圈房的残暴占有者。上海解放前夕，地处当时宝山四平路附近的全家绞圈房里就走出几位共产党人。同样，朱家绞圈房也因地形隐蔽，又有多余闲置房，藏匿过几位遭到国民党反动派通缉的地下党员和进步青年。曲径通幽的绞圈房庇护了他们，让他们躲过了黎明前的黑暗时光，也为绞圈房的历史书写下了不平凡的一页。

再次，绞圈房中热闹的家族生活也折射了当时的民风民俗。

绞圈房的特点就是家族群居。一座绞圈房里的住户，往往是同一个祖宗、同一个姓氏。左右邻居都是族人，便于大家互相扶持、彼此帮衬，过着热闹的家族群居生活。

绞圈房多公共空间，墙门间、庭心、客堂、后庭心等都是大

6-14　马桥镇彭渡村的金庆章故居

家自由出入的天地（图6–15、图6-16）。尤其是庭心，面积大、空气好。盛夏晚上在此乘凉，搬一只竹榻，摇一把蒲扇，口嚼甜芦粟，眼望满天星，确是一种享受。记得小时候有天傍晚，我们几个小伙伴听叔公讲故事，有位小伙伴舒适地躺在竹榻上，一只蜘蛛朝他腰部爬将过来。这位仁兄素来胆大，并不翻身爬起，只见他将腰部弓起，搭成桥形，留出一个通道，让蜘蛛通过。他算好时间，过了一会儿，估计蜘蛛已经通过，他将腰部放下。哪知这只蜘蛛许是在“桥洞”中感到凉快，便停下休息。他将腰部放下后，挤压了它，蜘蛛反身咬了他一口，疼得他从竹榻上滚落下来……待他讲了事情经过，我们一齐哈哈大笑起来。

绞圈房中还经常举行一些老上海的风俗活动，比如“扛三姑娘”。正月十五之夜，在一只淘米箩上插一根筷子，由几个未婚姑娘“通神”，请田角姑娘、坑边姑娘、门角姑娘这“三姑娘”“下凡”人间，请到绞圈房的客堂间。客堂的屋中央放着一张红漆八仙桌，桌上有一个竹编的、铺满了雪白糯米粉的“团箕”。请“三姑娘”中的两位姑娘，一东一西相对站在八仙桌两旁，各伸出一只手，用食指反扣淘箩的两边，让淘箩边上的竹筷在糯米粉上写字、绘画以卜雨水、收成及婚事等。你问啥，“三姑娘”就写啥画啥，而且绘得像模像样。于是有人请“三姑娘”画张拖鞋样，“三姑娘”当真龙飞凤舞起来，不一会儿，一张漂亮的拖鞋样呈现在人们眼前，大家看得目瞪口呆，当时真没分出其中有诈。经后人查证，“三姑娘”又名“紫姑”。这个“紫姑”在山东一带也被称为“厕姑”，无锡称“门臼娘娘”，苏州一带称“坑三姑娘”（图6-17）。其实这些称呼六朝已有，唐、宋两代盛行，至清不衰。据《异苑》记载：“世有紫姑女，古来相传是人

6-15 正面看绞圈房

6-16 浓浓的绞圈风情

6-17 “坑三姑娘”

妾，为大妇嫉，死于正月十五夜。后人作其形，祭之曰：‘子胥不在，曹夫亦去，小姑可出。’捉者觉动，是神来矣。以占众事。胥，婿名也。曹夫，大妇也。”又引《显异录》：“紫姑，莱阳人，姓何名媚，字丽卿。寿阳李景纳为妾。其妻妒之，正月十五阴杀于厕中。天帝悯之，命为厕神。故世人作其形，夜于厕间迎祀，以占众事。俗呼为三姑。”原来这是一位北方的“神”，在岁月变迁中，这个传说随人口迁移传至江南一带，在沪郊演化为当地民俗。

有绞圈房，就有石臼。过年石臼舂粉吃汤团，也是绞圈房中特有的生活场景，现在这种生活情景再也看不到了。岩立先生在《徐汇报》上就回忆了他儿时在上海龙华乡绞圈房中舂粉的情景："舂粉人站在踏板上，一脚前一脚后，前脚踩在'石耳朵'处的踏板上，后脚则用力把踏板踩下去，让前踏板高高翘起，再松开后脚，'咚'的一声，方石压着铁柱头猛地舂进石臼，捶碎石臼里的米粒。就这么一下一下又一下，经过无数次的上下捶击，米粒终于舂成了米粉。然后，另一人蹲下身子，从石臼里舀出米粉，用筛子细细地筛，筛出来的米粉纷纷扬扬、雪白绵软。筛不尽的粗粉连同新的米粒再倒入石臼里。周而复始，一遍又一遍，直到把该煠糕做圆子的米粉全都舂好、筛好。"

绞圈房的生活是农耕时代的缩影，随着社会的发展，它渐渐远去了。但是作为后人，我们有责任记录这段生活情景，认识这段生活情景，因为这里面有我们祖辈的足迹，有我们城市发展的印记……

附　录

附图 1　朱骥德老家绞圈房手绘图

我家的绞圈房子

朱骥德

我老家在马桥东街北首，沙岗河东的南朱家埭，那里原有两座绞圈房，就是我们沛国郡朱姓支脉的祖居之所。

我家绞圈房的布局，是前后二进五开间为主的四合院。第一进东西并列的五间房，中间称为墙门间，门口设置六扇厚实的木门，这是整座宅院的大门，其左右相连的两间房屋，依序称次间和稍间。第二进五开间的正中间称客堂，以水磨方砖铺地，门口有六扇格子蛎壳窗棂木门，北窗上方梁上挂着“耕心堂”牌匾，凸显悠悠书香之气。客堂左右两侧房屋，亦称次间、稍间。墙门间北连过道间翻轩与仪门头，仪门头和客堂之间是个大庭心（天井），地面铺设仄面青砖，平整敞亮。翻轩和大庭心东西两面，有对称房屋与前后两进房子相连，均称为小客堂、厢房和耳房。这种前后两排横向房屋，连同其间衔接的竖向房屋，把所有房子“绞”成一个“圈”的民居，当地称为“绞圈房”，我们也叫作“一绞圈”（附图 1）。

在旧时上海农村，绞圈房是最好的住宅建筑之一，其设计建造，承载着我国建筑始祖鲁班的匠心精神。它以木料作梁柱，用青砖、石灰造墙体，形成坚实耐用的全木榫卯衔接的房屋骨架、严丝合缝的砖砌墙壁，是抗风防震的百年工程。房屋造型封闭，外人不易进入，各房间门户相通，空间流畅多变，功能多样。墙门间、翻轩、大庭心和客堂皆为家族公共活动的场所，而寝室、

书房、灶间、储物用房等也各得其用。为适应自然环境，在南北竖向房屋内侧建造了诸多小庭心（天井），以便相邻房间开窗采光，同时解决了屋面下泄雨水的排水问题（再经阴沟外排）。而整座住宅最精彩之处，是高耸别致的仪门头建筑。

仪门头是一座造型典雅、具有民族风格的砖雕门楼，它正对客堂面北而立，其底座门墩由青石作为基座，在出入口两侧安放着传统装饰的抱鼓石。门楼有三四米高，上方正中镶嵌着砖质匾额，刻有“柏荫绵长”四个行楷字体，上面还有三幅栩栩如生的雕塑景物图像，屋顶飞檐翘角，气宇不凡。门楼两旁，栽有树龄百年、根虬叶茂的常绿灌木天竹，入冬以后常常结满团团簇簇的小红果，使庭心一方空间显得清丽雅致、古朴端庄。

据家族史料，我们祖上也是由“外来户”逐渐成为马桥“本地人”的。早在清朝乾隆中后期，始迁祖南来公从一处叫箫墙庙的地方，迁来这千金难买的俞塘北地面，他与儿子鸣远公先造了一座绞圈宅院（即西宅）。这座宅院，我幼时到堂弟朱文德家去玩，记得仪门头上有“兴仁讲义”几个字，客堂取名为“世德堂”。到了道光中期，南来公传到第3代景坤公时，宅子里的人口逐渐增多，故原宅由其长子尚文公及其子孙们居住，而次子尚章公在老宅东面另建一座绞圈房（我家即东宅）。那时，他财力雄厚，据说造屋开支的银元都是用小栲栳（也称笆斗）装着抬出去的，因而建房规格超过了西宅，尤其在住宅环境方面下了功夫，按中国风水学中“气界水则止”的“聚气”模式，在住宅东西两面各开挖了一条从南边勺家浜引出的北向小溪，通往后面宅湖（池塘），这样住宅周围有了环抱水流，便可用水使天地的生气，凝聚于住宅中。住宅落成后，又在房前开辟花坛，屋后营造

附图 2　朱骥德老家校圈房仪门手绘图

竹园，周边沿浜广种树木，构筑起自然与人文相统一的宅院景观小区。

我祖上是耕读人家，历来尊儒重读，故对宅院有关建筑的定名取意都有讲究。如西宅仪门头题字“兴仁讲义”，出自《孟子》“仁，人之安宅也；义，人之正路也”，比喻人们居于安宅，走于正道，立身处世就有高尚追求了；而我家东宅，则由于始祖坟墓周围栽植了常绿的柏树（称“柏树坟”），所以仪门头上用了“柏荫绵长”四字（附图2），寓意子孙后代在祖辈荫庇下，人财两旺、文运昌盛，如同松柏那样长青延绵、生生不息。客堂堂名秉承了西宅“世德堂”崇德上善的祖训，遵行《孟子》的“仁义礼智根于心”的要义，定名“耕心堂”，并挂匾于堂，以昭告后辈，在事稼穑丰五谷的同时务必知诗书、达礼仪，不断耕耘心志，才能养正气、致良知、行正道。后来尚章公的两个孙子朱礼恭（我曾祖父）、朱礼俭（字意诚，我曾叔祖父）读书不负众望，在光绪年间先后考中了秀才。我年少时，在墙门间东墙上方，还能见到当年张贴的暗黄色残存榜书，两边角上有对称的龙状纹带，其中央隐约显示出“钦赐……”黑色宋体字样。新中国成立后不久，我于强恕初中毕业将要去外地求学时，年迈的曾叔祖母还对我谆谆教诲：将来要“光耀耕心门第，毋忘沛国家声”。我一直铭记堂训家风，努力读书明志，立德做人。

星移斗转，当老宅传承到我们第10代子孙辈时，经历风雨的宅院愈显其厚重的气派、润泽的温度和清雅的本色。古宅是我年少过往衣胞之所，自己从小在门口河边大树下观鸟、捕蝉、闻蛙鸣、赏流萤；在大庭心仰望夜空星辰，听大人讲银河、月宫故事；在客堂里跟随长辈祭祀敬祖，经历族人婚丧大事。即使以后

外出求学和工作，每年寒暑天，我都要回到这三面环水、茂林修竹的家园，看望父母尊长，安静度好假日。那一方水土、一砖一瓦，已深深融入故乡文化的血脉中，成了我依恋故土的物质与精神的双重载体。遗憾的是，在20世纪90年代末至21世纪初，因为城市化发展需要，本村及周边大片村庄旧屋被动迁拆除，从此，我的游子乡愁已无处可寄了。

岁月虽已抹去了古宅的身影，但给我留下的是深刻的记忆和对住宅建筑文化的思考。房屋建筑见证了人类文明的进步，传承了民族精神的基因，也是我们文化自信的根基。绞圈房是上海这片土地上祖先奋斗和创造的历史实录，它收藏着生态建筑的智慧、天人合一的哲思和诗礼传家的情感，传达出当地人民的价值观和审美观。这是一笔无形的精神遗产。

作者简介：朱骥德，副教授，1937年7月出生于马桥镇星星村南朱家宅。启蒙于马桥强恕小学，1952年7月由私立强恕初级中学考入松江中学师范部，1960年毕业于南京师范学院。先后在南通市国土规划局、南通大学地理科学学院工作，1998年1月退休。发表论文有《南通港的地理优势及其经济地位简析》《南通市的人口发展与农业生产》《面向中学，改革“中国地理”教学》等。本文原载马桥镇《三周水》杂志2018年第1期，后经作者修改。

绞圈房的生活变成了字矿

褚半农

我老家在上海西南莘庄非常偏僻的一个小村庄——褚家塘，34户（1950年）的老宅基上共有12幢立帖式砖木结构平房，均为祖传房舍，其中9幢是绞圈房，有29户人家居住在里面。我自小就同3户本家合住在一幢绞圈房里。可以肯定的是，祖父兄弟俩也是居住在里面的。房子是他俩建造的，还是大大（曾祖父）传给他们的，现在已无法考证，后者可能性估计大一些。即便从祖父辈算起，这幢绞圈房子也有100多年历史了；如果是曾祖父辈或更早一辈建造的，实际房龄还要更长。到我们这一辈时，这幢绞圈房已经历尽沧桑，处处显出破旧。

我曾在绞圈房里居住近40年，不仅非常熟悉这种特色古建筑，还同它建有深厚的感情。说熟悉，是说我知道这种房子的形制、结构、特点和施工方法，尤其是叫得出每间房子和各种构件的名称，自然也熟悉各家情况。说感情，自幼年、少年、青年直至进入中年，我都是在绞圈房里度过的。这里发生过的大事小情、客堂里的迎来送往，还有堂名匾的擘窠大字。仪门头上的精美砖刻，还有自己为追求理想而努力其中的点点滴滴，都深深地嵌在我脑海了。

1957年上半年，家里发生了件大事，也是件喜事。正在七宝中学读高三准备高考的大哥，出人意料地在《儿童时代》上发表了一篇小说。这在当年，不仅是乡下学校绝无仅有的事，就是在乡村老宅也是件惊天动地的大事，故而引起轰动，立刻传遍了四里八乡。让人啧啧称奇的是，大哥不久又连着发表了一篇小说。不知是不是家族基因的缘故，我也是语文课成绩最好，作文更是常被老师当作范文宣读。遗憾的是，在初中二年级时，正值中年的父亲因病故世，我也因家贫只能辍学。一切戛然而止。

一切须从头开始。我以人民公社小社员的身份，每天同大人们一起，朝迎太阳夜披星，起早摸黑在生产队田里做生活。我想到了老师讲过的话，要提高写作水平，要多写，可用写日记来练笔。于是，从辍学第二年的4月8日起，我便付诸行动，天天做记录了。每天把看到的、听到的、想到的，就着昏黄的油灯，一一记录下来。没有人指导，也没有人督促，我却常记不辍，24开的练习册上每天至少记满一页，到1962年7月初入伍离开，整整记录了29本练习册（附图3）。这些记录里有人物，有事件，有时间，有地点，有事由，有结果，详详细细，全是纪实。辍学以后，借书如此频繁，记录如此积极，自然是有股无形的力量推动着我，那就是希望有朝一日，我也能像大哥一样发表自己的作品，那时的我自然是萌发了当作家的梦想。

在那段生活在绞圈房的艰苦日子里，我熟悉了老宅上的每一幢房子以及每一户人家。这里有我的亲人，也有本家、族人和朋友，我叫得出每个人的名字，也知道他们的性格脾气，熟悉每个人在不同情况下会讲些什么闲话，会用什么口气说话。我和他们一起做生活、嘎三胡，有时还会“吵相骂”，我的汗水流到过褚家塘每一塘田里。这块小小的土地上曾经有过抓不完的阶级斗争，有过彩旗飘扬的大干苦干，有过喜上眉梢的粮食丰收，有过大哭小喊的喜怒哀乐……几十年中发生的一切，我知道，我熟

附图 3　记录绞圈房生活的 29 本练习册

悉，我记录，大量的笔记虽是初级产品，却也是我追求梦想的起步记录。长期的农村底层生活，让我比旁人有更多的深切体验，最终积攒成一笔用金钱难以买到的无形资产，也是我此生最宝贵的财富。

1981 年 8 月，因农业学大寨运动中建造农民新村，我居住了 37 年的绞圈房连同村庄上所有老房子全部被拆除。绞圈房里的生活从此结束了，却因早已浸润到生命深处而在记忆里不可磨灭。它们就像树木经地壳运动被深埋到地下，最终变成了各种矿石，对我来说，它们变成了“字矿”。我的文学起步，就是从开采字矿，记录老宅上的人和事开始的。是故乡绞圈房里的生活给了我灵感，给了我底气，给了我坚持下去的力量，还增强了努力研究本土文化的自信。努力的成果是我创作发表了大量乡土散文，并且成就了作家梦。对非常熟悉的绞圈房，我自然是付诸笔墨，先后发表了 12 篇文章，做了 10 件实事，因此被称为“上海研究绞圈房第一人”。

作者简介：褚半农，1944 年出生在上海西南乡下头，曾在农村耕过地、前线握过钢枪、学校站过讲坛、机关修过方志。工作之余从事散文创作、方言研究（明清吴语、上海方言）、方志修纂及研究，出版有散文合集、学术专著和地方志书 11 种，约 260 万字。20 世纪 80 年代第一个将绞圈房记入地方志，1991 年发表第一篇绞圈房介绍文章，2008 年挖掘出清光绪年间绞圈房文献资料，2009 年发表绞圈房学术论文，2017 年出版专著《话说绞圈房子》。

钱氏家族的百年民宅

温举珍

1100 年前，吴越国国王钱镠奠定了江山。为安国兴邦，奉行以民为本、保境安民、善事中国、尊宋称臣的国策，确保了一方的安定富庶。俗话说，“好心有好报”，钱氏家族也随之兴旺发达起来。当时编就的《百家姓》中，以“赵钱孙李”起头，钱姓紧随皇姓赵氏之后，其后裔子孙遍布长三角地区。经 1997 年有关方面统计，上海有钱姓 13 万余人，位列全市第 21 位。

位于闸北区北站街道山西北路 457 弄 61 号的钱氏民宅，是一幢建于清末的宅第，当地人以前俗称“西洋房子”，这是一幢中西混合庭院式二层建筑，坐北朝南，占地 336 平方米。庭院东西宽 15.5 米，南北 9.48 米，占地 147 平方米，地面铺设花岗岩条石。庭院东侧是中西合璧砖雕门楼，南北宽 3.35 米，厚 1.15 米，通高 4.9 米。其门头及门墙左右构西式砖雕门饰，内外门额均有题额（字迹已损，不可辨）。主体建筑占地 189 平方米，东西宽 15.5 米，南北深 12.2 米，砖木结构，宅基高 0.41 米，有 6.45 米长三级花岗岩的石阶。红、青砖相间的外墙，窗檐和窗台甚至硬山平台檐口具置齿状的砖雕纹饰，楼下门廊面阔 2 间共 6.45 米，落地窗棂用彩色磨砂玻璃。西南角自上而下半亭式三菱面窗台结构（附图 4）。二楼面南，中间为内阳台，房屋北部后间屋顶是平面晒台，而高高突出于东西两侧硬山墙的是一对壁炉烟囱。这对烟囱制作工艺精湛，昂然翘首天外。室内装饰的彩色拼

附图 4　民居半亭式窗台（温举珍摄影）

花玻璃及马赛克地坪图案材料，均选自欧洲德国。保存完好的楼梯间、壁炉等构件木雕装饰精美。这是一幢较为典型的中西合壁民宅，宅址除前面庭院部分搭建简屋外，基本保留了原貌特征。

1841 年，鸦片战争之后，根据中英《南京条约》，上海被列为“五口通商”口岸之一，上海随之热闹起来，四方之人大量汇聚上海滩头。1853 年，已在安徽广德安居十数代的吴越国钱镠第 30 世裔钱世德、钱大成父子，为避太平天国战火也迁徙来到这里，在此以农耕为业。那时，这里还是上海县高昌乡北部乡间，河流纵横，一派水乡风光。宅基南面一箭之地的海宁路，以前整条马路就是一条叫穿洪浜（又名川洪浜）的小河，直到1902年才填浜筑成海宁路。因此，如今的海宁路、河南北路与山西北路的交叉口的西北侧，分别称钱家头和钱家宅。清光绪二年（1876）钱家建造的双绞圈房老宅，三进深的本地墙门头如今还在，就紧贴西洋房子的南侧（附图5）。民国期间，钱氏族亲大都散居在海宁路北侧的石库门内，诸如海宁路774弄、780弄、808弄等。由于钱氏家族与会计业大家奚玉书家族有多重姻缘关系，钱氏还有多家居住在奚氏较集中的北海宁路沿线。甚至两个家族的宗祠也都在闸北，且相距不远，保存完好。

那时，这里远离上海县城，还隔着一条交通不便的吴淞江，故而土地很便宜，钱家人买了许多田地。10年后，随着1863年美租界的议定以及英美租界的合并，工部局又不断擅自越界建桥筑路，向闸北方向进行蚕食。租界当局行为猖狂，为了抢时间不惜工本，高价收购土地，因而这里的土地价格也随之疯涨。同时，这里的人口也因发展而急剧上升。

此刻，钱家改种田谋生的生存策略为建房出租谋生，建造了许多房屋。在钱氏家族中，购置田地最多的就数钱大成的孙子钱天明，他建造的房屋最多，其中就包括这幢豪宅。

附图5　钱氏绞圈房

豪宅建成，站在豪宅屋顶的晒台上骋目观望，周边崭新的石库门一排接一排，好不惬意。然而，好景不长，天不遂意。1916年的夏天，钱天明竟罹患盲肠炎，因未及时就医，盲肠穿孔后就一命呜呼了。只留下一女，无子承继。这名叫“赛珍”的女儿，嫁给书画家王一亭的侄儿。王一亭作保介绍吴昌硕租赁了钱家吉庆里的房屋。

两年后，钱天明的遗孀提出要领养一子，并给这个小孩取名叫“宏兴”。当族人得知要领养一个与钱家没有血缘关系的孩子后都表示强烈反对，并告知其应领养近房侄子为子。但是，当时唯一近房侄子秋棋年已5岁，恐养不家（不亲近），未予接纳。已成养母的遗孀为了平息族人的怨气，给了胞弟（秋棋父亲）5000块银元，给了堂弟（族长兼地保）钱秀龙5间海宁路山西路口的平房。

谁知道，这个养子钱宏兴不争气，辜负了养母的一腔期望。长大后好逸恶劳，不务正业，恣情豪赌。抗日战争前夕，千万家产被他在赌桌上输个精光。为了还赌债，钱家不得已以5万法币将61号豪宅卖给梁氏。

梁氏是广东人，以经营南货和中药材为生，曾大发利市，积累了赫赫家产。他有6个孩子，1949年前，梁氏携妻带子远渡美国，留在大陆的只有大儿子、小女儿和照顾他们的梁氏胞妹及佣人。

作者简介：温举珍，男，生于1944年。热衷文史研究，数度系统踏勘上海全境的塔、桥、城、台、墩等古建筑遗存。1999年以来，应邀两度参与上海市文管会组织的第二次和第三次文物普查工作，为国家文物局主编的《中国文物地图集·上海分册》探访文物，撰稿文物辞条。本文选自闸北区地方志办公室编写的《闸北老建筑印痕》一文。

海宁路绞圈房拍摄散记

温举珍

2016年9月18日《新民晚报》报道《沪上又找到两处绞圈房》，其中说道："这是一处三进深五开间绞圈房，即双绞圈。这座市区罕见的绞圈房较低矮，第一进东侧的次间和稍间（即墙门间右侧那两间）早已拆除，屋面经过大修因而已不是原来的模样。从外观上看，还具有明显的绞圈房特征，但由于住进了'七十二家房客'，房子内部格局已被彻底打乱，搭建成许多小房间，连前后客堂都未能幸免，仅余一个通道。难能可贵的是，房子的木构件基本保留了下来。椽子很标准，能找到斗拱，'官帽'也还在，双龙戏珠、八卦、木犀角等装饰都清晰可辨，这些都是原来的老东西。"

记者还写道："在由闸北区档案局（馆）与区地方志办公室编写的《闸北老建筑印痕》一书中，查阅到一篇温举珍写的《钱氏家族的百年豪宅》。据此文记载，如今的海宁路与山西北路交叉口的西北侧，当年称为钱家宅。位于山西北路457弄的钱家豪宅，建于清末民初，是一幢砖木结构的中西混合庭院式二层建筑。它与市级文物保护单位——吴昌硕故居前门对后门。钱家豪宅已被列入上海市第四批优秀历史建筑保护名单，不过已易名为'梁氏民宅'。原来，钱氏后代中有一养子不争气，将千万家产在赌桌上输个精光，不得已将豪宅作价5万法币卖与梁氏。而紧贴梁氏民宅南侧的是年代更悠久的老宅，俗称'钱氏民宅'，也就是现在的海宁路780弄。此宅建于清光绪二年（1876），三进深。据悉，在2012年公布的上海市第三次全国文物普查不可移动文物名录中，钱氏民宅、梁氏民宅与吴昌硕故居均在列。不过，后两者早已挂牌，前者并未挂牌保护。”报道不久，笔者即收到朱亚夫先生的来电。他自小就是在绞圈房里长大的，现在正在研究绞圈房文化，准备把相关文稿结集出版。他说在《钱氏家族的百年民宅》一文的附图中，见到我拍摄的鸟瞰钱氏老宅，觉得很好，认为此照片很可能是第一张俯拍绞圈房的照片，要我详细介绍拍摄的过程。结交近20年的老友相邀，理应义不容辞。

1999年7月底，我应邀参与国家第二次文物普查上海站的补充工作，为纂辑《中国文物地图集·上海分册》累积素材。而该处民宅的发现有个渐进的过程，一开始只知道这里有座吴昌硕故居，并不知道还有其他有价值的房屋。

有一次我与普查组马幼炯等人骑车途经海宁路，同行的周燕女士突然手指马路对面的普通民居说：“对面一幢房子蛮好格！”只见在沿马路普通民居后面，有一幢洋房格外靓丽，一对装饰精美的壁炉排烟出口如鹤立鸡群般昂首天外。当天我们忙于既定的任务，骑车一闪而过。数天后，我单骑一人入内踏勘实情。不看则已，待入内一瞧，一股奢华的豪气扑面而来。由此，我们即拉开了对这幢豪宅深度的了解与勘察。

2000年3月7日下午，我们开始了对梁氏民宅的拍摄工作，既有全景的概貌，又有细部的特写。然而，局限于拍摄位置，全景无法概全，那时尚无无人机航拍。无奈之下，环视周遭，唯有山西北路路口一幢四层办公楼可以利用。于是，与该楼有关人员商量后，在工作人员的带领下登上屋顶，对西北侧的豪宅进行了

附图 6　钱宅绞圈房俯拍照

一览无遗的扫描拍摄。还附带拍摄了三星里石库门民居和山西电影院。

当在四楼屋顶见到豪宅南侧的钱家宅老房子时，一股浓浓的老上海乡间情愫即刻滋润心田，我想不到在市中心地段也能见到如此壮观的绞圈房。前几日在里面调研时，感觉不怎么样，此时一眼全豹摄入眼帘，受到的震撼是强烈的。豪宅主人钱天明的近房侄子钱秋棋，当时就居住在该套老房子西南角的 24 号里。直到 2008 年，寿享 90 开外的钱秋棋才与世长辞。还有许多钱氏长辈父老，也是从这里走出去的。因此，当知悉钱氏因缘由来的笔者，此时唯有按下快门，方能全面地图说钱氏豪宅的来龙去脉，从而也就有了这张鸟瞰双绞圈房照片（附图 6）。

如今倒忆此段记忆，一个细节使我至今尚有愧疚感，当年在屋顶上来回寻觅拍摄角度时，脚下踩碎了好几块用于隔热铺设的薄水泥板。尽管当时已向陪同的工作人员表示了歉意，然而自己心中总感到过意不去。

不久前，我又走进该处绞圈房，周边已被拆空，我还顺便丈量了老宅的面积，东西宽 20 米，南侧边长 34.6 米，西侧边长 35.5 米，算下来占地面积为 700 平方米（包括墙门间右侧已被拆除的部分），体量不小，这是市中心区硕果仅存的绞圈房，值得保护。倘若侥幸得以保护后辟建成上海绞圈房博物馆对外开放，与周边的吴昌硕故居、梁氏民宅、康乐里和均益里等整体连线，将成为文物保护的一大功绩，沪北将又增添一处江南文化热门景区。

朱家潭子的绞圈房子

朱渊澄

上海南汇航头朱家潭子已经被列为浦东新区的文物保护单位（附图 7）。

朱家潭子的地名历史由来久远，源于元末明初的一个传说。故事版本略有差异，总体却基本相同。试摘两例如下。

在光绪《南汇县志》中对朱家潭子已经有记载："潭子，在下沙。相传元时有异物如鼠，天雨每出，后大如牛。一日风雨骤作，化龙飞去。所潜处成一深潭，水极清。有朱氏聚族于此，人称朱家潭子。"

《航头镇志》，对朱家潭子也有记载："朱家潭子位于（航头）方窑村 5 组、11 组。据传元末年间，有一鼠入地，霎时成潭，化鼠成龙，直上天空。轰传遐迩，遂称'潭子'。"

附图 7　朱家潭子已被列为浦东新区的文物保护单位

我家的绞圈房就建于朱家潭子。钩沉史籍，简介如下：

1. 始迁祖朱听与尚夷斋

查考家谱，关于朱氏的始迁祖，有这样的记录：“始迁祖朱听，字思聪，元末流寓鹤沙，居尚夷斋中。作诗好奇，与杨维桢、陆居仁、钱维善结诗文社，著有《尚夷斋》诗集……”

始迁祖朱听建宅尚夷斋，在“元末三高士”之一杨维桢的文集中有《尚夷斋铭》一文，从中可以了解到朱听和杨的交往，以及宅名尚夷斋的由来。尚夷斋还成为当时鹤沙七大园林之一。

《上海县志》称：“元末明初时，浙西园苑之胜，惟下砂瞿氏为最古。此外还有王佑的习园、凌如焕的凌园、朱凤洲的梅园、杨王禹的安公斋、朱听的尚夷斋、顾德梁的一经楼……”

2. 汉思公建绞圈房怡仁堂、敦本堂

始迁祖朱听的宅第尚夷斋，究竟何等模样，已经无法查考。然而我家的绞圈老宅，虽已于20世纪80年代初解体，但一方面有家谱上的绘图和文字记录为证（附图8），另一方面还有我50多年来亲历的居住体验，值得在这里详加描绘，供后辈参考。

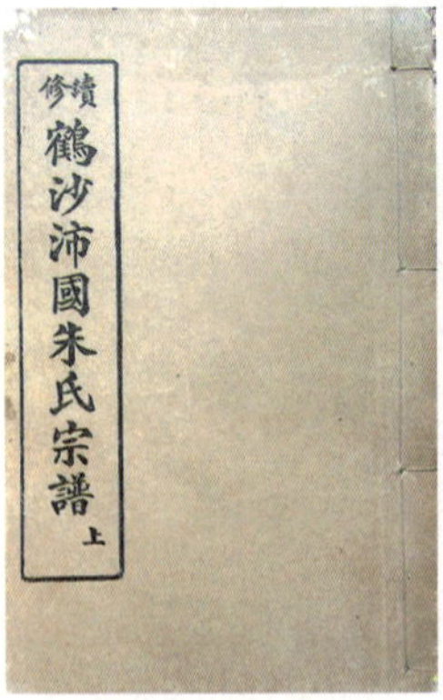

附图8　朱氏家谱

朱家潭子汉思公所建宅第共四进。前客堂名为怡仁堂，后客堂名为敦本堂，左有二西草堂，东侧厅名为爱莲书屋，西侧厅名为畹兰书屋。

绞圈老宅共四进38间，含三庭心两客堂，总建筑面积大于1000平方米。我们邻

居东绞森圻婆婆家和北绞善圻婆婆家都只是2间的面积，而我家之所以占有7间的面积，是因为祖上第7和11世这两代都是单传兼祧（两房合一子），住房就独大了（附图9）。

根据有关资料显示，乾隆十三年（1748），北京内城新帘子胡同（长安街南，新华门与和平门之间）4间瓦房70两；乾隆十六年（1751），天津丁予范在刘家胡同二道街买了一块地，盖了一处10间房的四合院，这四合院占地近一亩，连买地带盖房一共花了180两银子。这两个案例说明，在乾隆十几年的时候，京津两地大体上可以算作18两银子盖1间房。

考虑到绞圈老宅比一般的非绞圈民宅形体更高大，用料更考究；山墙内侧显示的木结构，柱、梁、椽、檩十分粗壮耐用，屋子内外所有立柱都用石础作台基，以保护木料不受地下潮气的侵蚀，造价相对要高一些。若以20两银子作为每一间屋子的建造

附图9　祖宅留影

价，则我家老宅四进38间总造价应为760两银子，按清朝库平银规定16两为1斤计，需要每个1斤的银元宝近50个。这可是一笔不小的财富。

3. 第5世汉思公建绞圈住宅的年代与资金

我家家谱记载："鹤沙沛国朱氏第五世敏学（1682－1762）字汉思，国学生，享年八十一岁。承百亩之遗业，与严夫人躬耕三十亩，又竭纺绩之所入，完百亩之税；余田七十亩，岁取租七十石，皆以生息；积之廿年，扩充十倍。而公之勤俭，终生如一日也。如，夫妇共啖一蛋，犹谓过分；晚年始制一裘，未曾轻衣。勤俭如此，非后人所能及。然公忠厚待人，不特济困怜贫，凡邻里乡党，或以祸构讼，辄解囊以排其难。汉思公逝世之日，人感其惠，落葬之时，临棺而恸者，临穴而泣者，不知凡几。读书行善，富而能仁，有宽厚长者之称。"

从家谱上看，汉思公28岁继承父业（父亲文理公1710年逝世），他们夫妇俩分食一个咸蛋，还觉得已经过分，到晚年才添置一件皮裘，从来没有换过锦衣绸衫。这么勤俭节约，又有百亩的基业，积之廿年，汉思公48岁，家业扩充达到十倍是合乎情理的。

据此，推算绞圈老宅的建造年月，应该在汉思公48岁至60岁之间，即公元1730至1742年之间。

"空中飞银"的故事能流传，是对汉思公富而能仁的肯定。然而笔者作为第14世子孙对这个传说自有另一种解读方法。那就是，汉思公在西浜的西端尚夷斋旧址，挖掘到始迁祖朱昕的窖藏了。窖银很可能就是几十只银元宝！离开濠州凤阳一带的始迁祖朱昕，把家产全部变现成为银两，流寓来到鹤沙，建设号称七大园林之一的尚夷斋，然后把没有花完的银子大部分封存后埋入地下，这是完全合理的推断和解释！

再说，清朝六品官员（相当于当代局级干部）年俸才45两白银，20年的积蓄来之不易。汉思公只有挖到了窖藏以后，底气大增，才要盖大房子，要把始迁祖的窖藏，用于长久庇荫朱氏后辈子孙，这才兴建起了四进38间的绞圈老宅——朱家潭子！

4. 绞圈老宅的教育与文化

朱氏五世汉思公家道中兴，兴建怡仁堂大型绞圈老宅四进，并设立爱莲书屋和畹兰书屋作为朱氏教育基地。古时教育自西周起，也分小学和大学，小学以“六艺”中的书、数为主，大学则以学“六艺”中的礼、乐、射、御为主。私塾一般只有一个教师，采用个别教学，教材和教学年限不定，全看教师的本领和学生的天资禀赋。估计爱莲书屋专司童子启蒙，畹兰书屋则着重提高和科举考试教育。

陆公耕吾在畹兰书屋任西席超过六年，其赠两词《辛丑冬日示及门金声、掌衡，调寄满江红》，其一曰：

桃李满城，须不是西风蒲柳。怎比我，流光暗逝，童颜若叟。白发渐生难屈指，青云虽远犹翘首。况力强，年富更多才，休辜负。

何所损，满将覆；何所益，谦能受。向诗书，乞命终期不朽。欲问前程谁捷足？只看泮水争先手。异年来，采取并头莲，香盈袖。

此词系陆夫子赠予两门生前去应试的送别之作。该词传递了很多信息，《调寄满江红》写于辛丑冬日，即乾隆四十六年（1781）年冬。另一首《满江红》词中有“六载周旋”，意即乾隆四十年（1775年），陆夫子就在畹兰书屋讲学了。时金声（朱镛）13岁，掌衡（朱涵钟）10岁，而其祖父、作为陆夫子东翁的丹木公，时年60岁。

丹木公即汉思公幼子朱有善，字楚士，号丹木，国学生，乾隆年间例赠武德佐骑尉，与汪卓斋、陆耕吾曾唱和集卷，成诗集《晚香草》。惜《晚香草》已经痕迹不留。但由此可见，丹木公与陆夫子年龄相近志趣相投，是同辈的师兄弟关系。陆夫子很可能是被丹木公聘为西席，调教其四个儿子朱明、朱昱、朱暹、朱旭，然后延及其孙辈金声和掌衡等。凭了这样三代的情谊，陆夫子才会介入朱家的事务，晚年和朱镛（金声）一起，编纂朱氏宗谱的原始版本。

陆夫子《满江红》词，对朱门期望甚切，除对比自己白发渐生犹翘首功名外，其辞章之严谨，首段口语之亲切，很是罕见。“六载周旋，都说是知心师友，请问你，功名耽阁，私埋怨否……”以乾隆年之久远，用词如民国之大白话，超前百来年，真乃奇人。

从元末始迁祖朱听公开始，至汉思公之前约300年，鹤沙朱家世代都是“砚田起家，间业舌耕”，即读书人兼种田和当教书匠，然而没有获取功名的记录。但在汉思公设立学馆书屋并延请名师以后，连续四代人才辈出，应试功名若探囊取物。

汉思公之子有善（六世），国学生，清乾隆年间例赠武德佐骑尉。

朱旭（七世）字昇初，号兰圃，清乾隆戊子科举人，候选督漕守府，例赠武德佐骑尉。才猷练达，气宇洪深，论者谓之轻裘缓带、风流缥将云。他在祖父汉思公建造的绞圈老宅前，竖起了旗杆，并在大门两侧加上了一对代表身份的青石门当。

朱涵钟（八世）字掌衡，号月峰，清道光戊子恩贡。今航头镇法制公园专门为他设立“涵钟桥”，并有铭牌解说：“航头朱家潭子人（方窑5组）……秉性奇特，读书能数行而下，文笔极佳，被誉为‘南汇文章之冠’。其还精于一掌金算法，算法独特，丈河量田不差毫厘。”

朱宗河（九世）字羲则，号易溪，邑庠生，清嘉庆廿四年，修朱氏宗谱并序。

爱莲、畹兰两书屋影响恒深弥远。教育不可忽视，延聘名师的作用难以估量。难怪第九世羲则公要在宗谱序里，尊称陆耕吾公为“太夫子”了。

作者简介：朱渊澄，网名八牛翁，上海南汇人，1937年生。出身于绞圈房中。1960年毕业于西安交大机械系。1997年初，被同济大学聘为兼职副教授，后加盟上海水上旅游研究所，参与完成“上海十六铺功能开发研究”“上海与舟山旅游业互动发展研究”等近20个课题。70岁后的10年内，先后出版了《七旬翁的博客集》《海宝 & 三毛话上海》《老年幸福：研究与实践》《1958爱情故事》和《创意旅游与游记写作》五本书。本文主要资料来源于《鹤沙沛国朱氏宗谱》，历史渊源部分参考其父亲朱锦冰写于1983年8月的《村史资料》。

绞圈房子中的乡愁

朱亚夫

我家的绞圈房约建于150年前的清咸丰十年（1860）。先祖朱维服以耕读为生，后传至朱公克进，在上海提篮桥地区开米行，犹如现代著名作家叶圣陶笔下的《多收了三五斗》中的万盛米行那样。提篮桥地区因有香火兴旺的下海庙，水陆交通便利，生意倒也红火。发家后，他在家乡宝山县北沙港（今虹口区曲阳地区）依港筑建了一座当年时兴的大宅子——绞圈房（附图10）。

我家的绞圈房七开间一字排开，外加宅基地，有将近百平方米，是一座青砖黛瓦的悬山式平房建筑。村上原来虽还有两座绞圈房，可都没有我家大，且先后因遭遇火灾而湮灭了。故我家是

附图10　家父在老宅后留影

村上硕果仅存的绞圈房。墙门间有四扇落地长门，可脱卸，白天开中间两扇门，晚上开左侧门。记得宅前有竖放的青砖铺地，墙门间前有一块与墙门等长，约 3 米长、30 厘米宽的花岗岩石镇宅。迈进墙门间，可清晰地看到不加粉饰的砖墙立面，梁柱分明的穿斗式木构架。墙门间是通往宅内的正道，家族中碰到婚丧大事，都从墙门间进出，故一般不放家具，平时可作族人闲聊之地，因通风，所以是盛夏纳凉好地方。墙门间两侧的耳房叫次间，也称稍间或落叶，可分隔为前后两间。因其临街面河，我们出租给人家开店营业，记得有烟杂店、裁缝铺等。

墙门间的后面是宽敞的庭心，面积约有四个墙门间大，中间的通道是青砖铺地，两边是泥地和砖地各一半。从名字便可知，庭心是绞圈房的中央地带，素面朝天，便于洗晒衣被和晾晒果蔬，也是家族中儿童戏玩的天地。庭心的四周街沿都置有花岗岩条石，条石边筑有水沟，屋檐滴水顺沟流入窨井，最后排入北沙港内。庭心两侧各有小客堂一间，前后厢房两间。庭心之后，就是一间大客堂，面积略比庭心小一些（附图 11）。这是家族宴请宾客之地，逢喜可摆酒席，遇丧可作灵堂。大小客堂前有步廊，很宽敞，有一柱之宽，可放小方桌，那是家人吃饭和孩子做作业的地方（见图中虚线）。梁上有一佛龛，放先祖牌位，供后辈祭祀。记得客堂中还有先祖留下的遗物：西墙下有一口舂米的石臼，状如跷跷板的舂木透着油光，可见那是很有些年代了，放到现在可是十足的老古董了。东壁下有脱谷的稻床和风车，还有一口防火的大水缸。客堂比墙门间宽大，故其左右有次间各两间，因进深较深，可分隔为前后两间。

我家的绞圈房共有三埭（即三进）。前二埭建于 19 世纪中

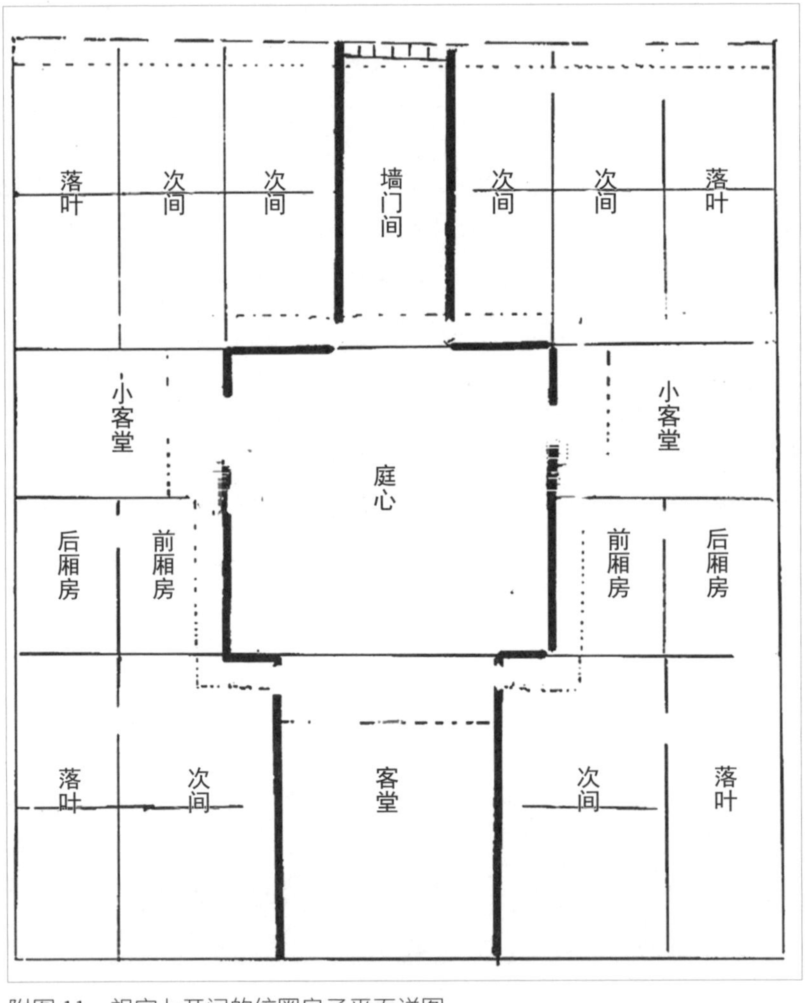

附图 11　祖宅七开间的绞圈房子平面详图

叶，由三支宗亲近10户人家居住；后一埭，因子孙繁衍，由我祖辈增建于20世纪20年代，由客堂右侧的大门进出。因客堂两侧分别住着我的祖辈与另一支宗亲，我祖辈要增建，可另一支宗亲却不想增建，于是所建的绞圈房只能占地二分之一，因此从外观来看，第三埭只有半个绞圈房，未能合成绞圈。两个半绞圈房也成了我家祖宅的特点。虽是半个绞圈房，却也建成三合院的模样，成小“凹”型，三边住着我父亲和我两个叔公，共三户人家。中间是后庭心，中央有一口水井，那是我们全家族共有的。

我家住在西侧的厢房，前高后低，分隔成三间房间，分别是客厅（餐厅）、卧室和灶间。卧室居中，最高而且宽敞，故我们搭了一个阁楼，放些杂物，小孩多了，也可打地铺睡人。房屋内墙用纸筋敷刷，外墙则是清水墙壁，因是单墙，外墙上编搭戗篱笆，以防雨水冲击墙壁，又可防盗防贼。墙上的窗户使用木棂移窗（汏栅），就是两扇直楞窗前后叠合，外扇固定，里扇可移动。每条木棂约8厘米宽，木棂间空隙与之同等宽度。推动里扇，前后木棂闭合，光线无法射入，屋内漆黑一片；若反方向推移，前后两幅木棂重叠，则光线便能射进，屋内自然阳光灿烂。这种木棂移窗简便实用，是一种很有江南特色的窗户。屋顶上一般安放玻璃天窗，宽度以两个发距为限，长度以4块望板砖宽为度。我们家客厅、卧室铺设地板，灶间是泥地。为防潮湿，地板的龙骨高有50厘米左右，因年代久远，有次我一脚踏下去，断了一块地板，竟陷进我大半条小腿，痛得我哇哇直叫。灶间砌有三釜，两大一小，大的一个煮饭、一个炒菜，小的用于盛水洗脸。另有一只汤罐。灶间的后门除置木门外，另设半扇高的腰沓门。平时烧饭时，使用腰沓门既通风透光，又不至于让人一览无余。

1985年老屋拆迁，我留下了绞圈房中的几块窗棂和门饰。拂去上面的尘埃，那抹着金粉的门饰虽没有昔日的光辉，但暗红中泛着诱人的金黄光泽，分明带有时代的沧桑感和历史的厚重感。我将它们视为“镇室之宝”，配上镜框，挂在我和儿子的新居中（附图12）。

是的，绞圈房已经远去了，但它永远留在我们的记忆中。

附图 12　祖宅中的窗棂

闸北陆氏原住民居与绞圈房子

温举珍

上海有诸多以“陆”字嵌头的地名，如陆家嘴、陆家浜路、陆家宅、陆行等，不一而足，上海与陆姓有着千丝万缕的联系。

陆氏是上海最早的居民之一。有史记载，早在1800年前的东汉末期，吴郡陆氏第13世裔孙陆逊（183～245）定居华亭谷，即今松江小昆山与青浦沈巷一带，这是上海陆姓徙沪的最早记录。甚至有“上海之根”之称的松江的别号“云间”，也典出陆逊之孙陆云（262～303）之口，即古代著名的接口联：“日下荀鸣鹤，云间陆士龙。”

另外，成书于800多年前南宋绍熙年间的《云间志》，是上海地区现存最早的地方志，其体裁严谨、内容丰富，历来被方志界公认为中国名志之一，因而被列为编写方志的范本。就在这部志书中，共有15篇人物志，其中14篇的传主是陆姓。又据不完全统计，在上海的旧方志中，被立传的陆姓人物共有280多人。然而，就全国而言，陆姓却并不突出，在《百家姓》中排名是第197位，20世纪80年代抽样调查，也只居全国的第70位。而据1997年统计，上海有陆姓人口多达331988人，位列第9位。由此可见，原闸北区的陆姓人口也当不在少数。

13年前，笔者有幸参与上海市文物普查工作，闸北以“陆”字嵌头的地名也有六七处，其中最多的是“陆家宅”(附图13)。在大宁路街道东北角的走马塘与芦泾浦西南夹角有陆家宅；在大

附图 13　陆少棠界

宁路街道的南部和西南部也都有陆家宅；宝山路街道中兴路北面的陆丰路，就是 1963 年由陆家宅路易名而来的，宣统年间的《江湾乡图》中，该处标有两个“陆宅”字符；在火车站北广场附近有陆家牌楼和池圈陆家宅；铁路北郊站南侧的走马塘上，有一处水湾叫“胡陆湾”，周边衍生地名还有胡陆湾墩和胡陆湾桥，胡陆两字就有可能是“胡”“陆”两姓合住一处之意。

苏河湾地区的东部原位于公共租界圈内，两次淞沪会战未遭到战火波及，2012 年之前，尚有陆氏原住民居三四处，均有一二百年的历史了。当笔者来到本地俗称“墙门间”（也称“绞圈房”）的上海本地老房子中时，真不敢相信是身处上海市市中心地段。

其一，天潼路 800 弄 164 支号 7 号，该住宅建于 1905 年，由陆少棠建造，宅邸坐北朝南，大门面对天潼路。砖墙立柱，抬梁式木结构，敞檐灰瓦平房。占地 579 平方米，建筑面积 517 平方米，面阔23米，进深25.2米，平面布局呈H形前后二进二院。该宅第经多次修缮，已难见当年风貌。但难能可贵的是，在支弄斜对面的墙角矮处镶嵌有一块界碑“陆少棠界”石，由此足以证明陆氏在该地块的获取时间早于1863年美租界议定之前，至少已有150年的历史了。该处陆氏民宅已被列入“上海市现存古老住宅简表”。

其二，天潼路上另一处陆氏老墙门间民宅在隔壁弄堂814弄70号，形制类同，规模比800弄的还要大，还要完整。因为无具体名号，还在弄堂深处，不为人知，所以当年未进行测绘，不久即被拆除。而今，其屋外紧贴砖墙的刷漆细密篱笆墙，尚留在我的记忆深处。

其三，七浦路264弄1号，据住在里面的一位陆氏族人陆国珊介绍，他出生于1939年。这座老宅建于清代中期，主人约在230年前从陆家嘴迁徙而来，到他这一代已是第8代了，属“国”字辈，前面第5、6、7代分别是“兆”“宗”“廷”。宅第坐北朝南，砖墙立柱，抬梁式木结构，敞檐灰瓦平房。占地416平方米，建筑面积234平方米，面阔17米，进深24.5米，平面为四合院形，前后三埭。第一埭横列7间，正中间为墙门间，左右各有3间，进入后为第一进院。第二埭是正宅，分别是客堂间和左右次间，往后是第二进院。有一座残破砖雕墙门头。第三埭为内宅房屋，还残存柱础石、石臼等旧物。笔者身处其中，恍然穿越到半个世纪前的近郊乡村。2000年年底，为了改造七浦路服饰街，此宅被拆除。

其四，七浦路227号，又名谦庆里，或称谦庆堂，与西侧50米的谦福里（七浦路257号）同为陆氏“谦”字辈家祠。民国初期，原居住在七浦路 264 弄 1 号的陆氏第四代由旧宅迁出至此，1919 年建成。宅第坐北朝南，二层，建筑面积 1028 平方米，前后两埭两个院落，砖木结构五开间，硬山人字梁。前埭楼面高敞，上下有三面回廊互通，俗称“走马楼”，中间三间上下分别为楼厅与客厅。楼廊下构饰垂莲柱，廊檐外置透雕花鸟纹饰，廊屋间隔扇门装饰吉祥图案。后埭下有天井，上有走马楼四周互通。当时，屋内有包括陆氏三家在内的十余户住家。业主陆妙林自住西后厢房与上西前厢房，陆兆溪住中厢房，陆兆凤住西客厅。2003 年 5 月，为改造七浦路服饰街，此宅被拆除。

闸北还有更多陆姓民居不知详情，如：沪北钱业公所西邻联通塘沽路与海宁路的太原里，弄内 15 号是曾任上海总商会会长的王晓籁的寓所，寓所斜对面的墙角镶嵌着一块地界石，刻有“厚德堂陆界”五个字；老闸北青云路当年上海大学校址师寿坊内就有一座老陆家厺庙；甚至河南路东的山西路菜场（俗称铁马路菜场）早先就是陆家坟山；七浦路东端的爱莲坊，就是 20 世纪 30 年代上海公共租界巡捕房——华捕侦探总头目陆连奎的金屋藏娇之处。

苏局仙先生故居——东湖山庄

苏永祁

苏局仙先生是晚清末科秀才，后来成为上海市文史研究馆馆员。从事教育近半个世纪，善书法（附图 14），工诗联，寿至 110 岁，有“上海第一老人”之誉。其故居苏家宅本名东湖山庄，位于周浦镇牛桥村 10 组，是一座三进两厢加西侧屋的清代古民居，因两厢有楼，又称苏家楼，也是一座本土的绞圈房。

2001 年，苏家宅由南汇县政府定为县级文物保护单位并拨款抢修。2002 年撤县改区后，区政府公布为区级文物保护单位。至今已有 280 多年历史的苏家宅直到“文革”前仍保留着一批旧时名家题写的匾额、楹联和砖刻，烘托出昔日的文化底蕴。

前埭中屋（俗称墙门间）匾义“东湖山庄”四字，由康、雍、乾三朝重臣，官至保和殿大学士、军机大臣的张廷玉（1672 ～ 1755）所书，时在“戊申”，为雍正六年（1728）。

外仪门阳面有砖刻行书“东山芳躅”四字，署名董其昌（1555 ～ 1636）。

第二进惟勤堂的堂匾，是康熙年间内阁学士沈白所题。惟勤堂中有抱柱对儿楹联“鹤群常绕三珠树，花气浑如百和香”，是康熙四十八年（1709）进士、官至刑部尚书的张照（1691 ～ 1745）所书。

后埭中堂有“赋月堂”匾，为康熙年间“世袭五经博士”孔传志所题并跋。

附图 14 《苏局仙先生墨迹选》封面

苏局仙先生生于斯，逝于斯，并在祖屋西北角于 1920～1921 年陆续自建 5 间房，其书斋曾取名涌泉、自娱、行是斋、蓼莪居、水石居等。

人们对苏家宅历史价值的认识有个循序渐进的过程。此宅原先并不为人关注。苏局仙先生于 1979 年以 98 岁高龄“在全国群众书法征稿”评比中荣获一等奖，并被聘为上海市文史研究馆馆员，在成为中国书法家协会会员、上海书法家协会名誉理事之后，享誉海内外。然而众多来访人都从宅西直奔苏老先生书房，并不深入庭院，古宅此时依然未被人赏识。

直到苏局仙先生辞世后，我作为其长孙想起祖父说过苏家宅建于乾隆年间，他感到值此改革开放时代、浦东开发开放之际，苏家宅应有其历史、文化价值，遂于 1992 年通过同济大学周方白先生邀请到该校建筑城规学院建筑历史教研室主任、著名古建筑专家路秉杰教授，于是年 5 月 23 日至苏家宅实地考察。路教授回校后很快写出题为“为上海的子孙后代护苏家宅”的考察报告，认为“苏家宅建成于清乾隆三年（1738），已有 250 余年历史了，在上海民居中亦属难得之物，尤其是能查明确切纪年的更属少见。此宅的保存，无疑为上海建筑文化年代鉴别提供了标尺”。当时苏家宅基本上完整，仍能窥出全貌，中心轴线的主要门、堂尚存。他发出了“救救苏家宅”的呼吁，迫切要求列入县、市保护范围，为未来海派建筑文化研究保存依据，并提出了具体保护方案。

苏家宅究竟何人所建，建于何年？这个问题最后是从《苏氏家谱》中找到答案的。1991 年 12 月 28 日夜晚，苏局仙先生对陪他在书房中漫步锻炼的长孙说了句：“家谱还在喔！”两天后就驾鹤西去了。我当时年近花甲，却未见过家谱，返陕后挂念此事，便写信请父亲和弟妹们查找家谱，却一时无着，原来他们也从未见过。估计是局仙老人认为家谱在新中国已不合时宜，所以藏而不露。经过半年的寻找，他们终于在苏局仙先生的藏书堆中发现了他于民国时期纂修的《黑桥苏氏家谱》(附图 15)(注：黑桥指当时苏家宅所处地域，而作为桥名在“文革”中改称红桥了，苏宅所在地也先后沿革为姚桥乡、周浦乡、周浦镇之牛桥村)。家谱始修于 1921 年，成于 1927 年，因无资付梓而请傅春江先生手抄四部，分存诸房。其《宅第考》载录：“东湖山庄住宅乾隆年间为四世祖澧芳公所建。”但是苏局仙先生在此谱修成时偶然发现了两件五世祖兄弟的分书，上面明确记载他们的父亲苏澧芳：“卜地于六灶港之北前后二方，将为阴阳两宅作久安之计，遂于六十年三月命匠鸠工，凡砖灰木石及大小匠作，前后共费二千余金，至雍正元年十二月入宅，共房屋五十余楹。”苏局仙先生即将分书全录谱中，并欣然在谱上题记：“两卷合订一册计四十五页，向藏宾月轩，上年正月，无意中得睹，欣快曷极。考雍正迄今已二百有余年，不为兵燹所损毁，不为蠹鱼所侵蚀，留此遗篇昭示后嗣，岂非祖宗在天之灵呵护也哉。”由此，苏家宅始建于康熙六十年（1721）已确凿无疑，比南汇建县还早，是家谱确证了这座清代古民宅的建筑纪年。而这样明确的建筑纪年正是古建筑研究者所特别珍视和感兴趣的。

十年浩劫，苏局仙先生所存字画诗稿被烧毁不少，而这部家

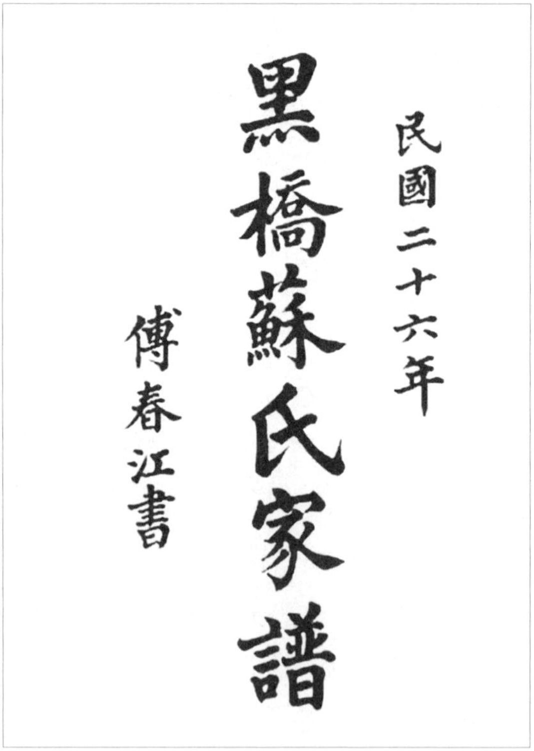

附图 15　始修于 1921 年的《黑桥苏氏家谱》

谱却被他苦心保存下来了。1994 年，苏永祁又在长春发现吉林大学图书馆藏有乾隆五十六年（1791）由七世祖纂修作序的《琴川苏氏支谱》残卷。琴川是常熟之古称。这正是当时苏局仙先生修谱时看到并作为依据的老谱。

根据家谱记载，这支苏氏是明代从常熟迁徙来的，源于苏东坡。始迁祖苏仰泉（1558 ～ 1626），名应时，字时有，号仰泉，于明万历年间自常熟来上海，后为避乱又渡浦江到周浦定居。至四世祖苏澧芳（1658 ～ 1730），中年弃儒就贾，曾多次于周浦附近另地置房居住，最后择地六灶港北，建造了此苏家宅，取名东湖山庄。从苏仰泉传至苏局仙先生为第 11 世。

取名东湖山庄的由来有两种推测：一是因苏东坡初入仕途是在陕西凤翔，曾疏浚开发东湖，至今仍为名胜，故有追思先祖功德之意；二是因为常熟有虞山、尚湖，而浦东位于常熟东南，取怀念故乡本土之意，从乾隆年修谱仍以“琴川苏氏支谱”为名，可见其时仍具浓浓的故乡观念。

作者简介：苏永祁，上海人，苏局仙先生长孙，1934 年生于东湖山庄。1951 年 1 月参加人民空军，长期在西北地区空军部队工作，1991 年退休。正师职，空军大校军衔。大专文化。现为浦东新区罗山干休所军休干部。《苏局仙先生墨迹选》《苏局仙先生联语选》主编。本文曾入选《浦东史志》。

我和绞圈房

赵文龙

我出生在上海县虹桥乡曹家宅，这是外祖父的家，小时候我一直住在那里，直到12岁离开。老祖宗留下的房子现在看来不算是好房子，但小时候听大人说我们住的是绞圈房。绞圈房类似北京的四合院，是经数百年历史洗礼，富含江南特色的一种民居，那匾额更是令人神往（附图16）。在上海乡间有绞圈房的一定是“好人家”，不是士绅，便是有钱人家，或殷实户。但那时我还小，对绞圈房的认识很肤浅，认识不到这层次，只是懵懵懂懂感到房间那么多，下雨时还觉得有点阴森。我真正对绞圈房有认识还是从19岁那年开始的。

附图16　荟珍屋中的匾额

1974 年我和所有同届的中学毕业生一样，响应政府号召，到农村插队落户当农民，被分配在上海县梅陇乡公社华一大队蒋家塘生产队。听老人说，蒋家塘在四周乡村非常有名，因为清代这里出了个人物蒋芹舫，此人才智过人，字写得好。有一次他进松江府，看见大街上有人在写匾额，因为没有大笔，只是用小笔在描大字。蒋芹舫看了，脱下已走烂的草鞋，唰唰唰，几个擘窠大字一挥而就，众人纷纷称奇。光绪年间，一次苏州河发大水，洪水汹涌，上海外白渡桥那里更是险情重重，众人对堤溃水涌一筹莫展。蒋芹舫见状，自荐提出从苏州河中央向两岸填坝，终于成功，得到清廷奖励。从此他名声在外，蒋家也随之兴旺，子孙满堂，蒋家塘也声名鹊起。

蒋家塘就在今漕宝路四号桥到五号桥间的南面，那是一个上海市郊少有的大村宅，1983 年时就有村民 168 户共 596 人。人民公社时期，因户多人众，不便管理，在 1965 年分拆成 1 队、2 队和 11 队 3 个生产队，我插队在 11 队，这里是蒋家塘的主要宅基地。到了蒋家塘，我又住进了绞圈房。这年我 19 岁，第一次对绞圈房真正发生了兴趣。后来我才知道，这座绞圈房来历不一般，正是那位筑坝有功的蒋老先生的宅邸，还是清廷赐建的。我记得房子宽约 50 米，进深约 60 米，是由四个小绞圈边上许多厢房连在一起组成的大绞圈。如果把院内所有的房门打开，雨天串门是不会湿鞋的。在东面第二个天井的地方，还有一个非常精致的砖雕门头，大家叫作墙门间。鸟瞰整个宅邸，屋面的本地小瓦整齐排列，相当宏伟壮观。这个大绞圈屋面用几百根大柱子支撑着，如果没有砖墙就仿佛在一片森林里。大厅内木构件的花雕更是远近有名，也是宅邸的浓彩一笔。可惜世事巨变，到了 1986

年只剩一间半客厅，现在更连这点客厅也不见影踪了。这一切都一去不复返，再也无法重现。只是我常常想到它，和别人念起它。

我喜欢木文化，比如一些古家具、老房子，特别对木作的榫卯一直有浓厚的兴趣，还不自量力收藏了不少的绞圈房，兴建了荟珍屋（附图 17）。如果说这爱好来自天性，倒不如说是来自插队落户的那些年代所带来的影响。我能成为中华文化促进会的第

附图 17　荟珍屋中的庭心

一批会员，在国内收藏界有点名声，与40年前在蒋家塘的6年插队生活是分不开的。今天我在努力抢救万余件明清家具和几十幢优秀大木结构的古建筑，其精神就来源于在蒋家塘接受的再教育，还有那一幢绞圈房蒋宅。

作者简介：赵文龙，现任上海收藏鉴赏家协会理事、松江区收藏协会会长。2009年受到文化部关注，被评为首批中国木作协会会员，也是目前上海唯一的代表。从1999年开始创办荟珍屋，目前荟珍屋藏有明清江南苏作文人精品家具数万件，优秀古建筑上百栋。赵文龙自云：要建立一个文化传播的共享平台，与人分享收藏之道，教人品味木作之美。本文选自《九星村志》。

南翔镇陈知美堂

陈晓刚

我的家乡在南翔镇东北的三陈宅，这里河流环绕、烟波竹影、土地肥沃，是一个养人的好地方。这里历史悠久，从明末绵延至今已有400多年的历史。这里人口众多，一宅不二姓，都姓陈，是嘉定境内数一数二的大聚落。

我家的老宅由一幢五开间的绞圈房和两幢五间堂组成，位于整个村子的最西端，由我的六世祖陈公月生建于清同治年间。他自幼父母双亡，由姑母养大。成年后的他朝耕暮耘、克勤克俭。传说他力气超群，是一个种田的好手，有一根粗扁担，有四五公分那么粗。他不仅靠自己的一双手、一肩挑，还持家有道，从仅有的三分薄地，发展壮大到成家时五六十亩的土地。

在过去，一般人家都以堂号来代表自家，这也是一个家庭的符号，能够记住先祖的功业道德，还可以训诫后辈子弟继承先祖的美德。显然我家的堂号“知美堂”是后者，取的是《老子·道德经》中“天下皆知美之为美”一句，教育子孙后人要知美丑、辨善恶，做一个好人。直到今天，我家里还保留着民国时期由五世祖陈公丙川书写的堂号（附图18）。

我家的绞圈房不是一次建成的，先建设了前埭一幢五间堂，尔后又陆续增添后埭和厢房，逐渐形成一幢规制完整的五开间绞圈房子（附图19）。

建成了绞圈房，所以前客堂的后壁也经过改建，变成可以开

附图 18 知美堂墨书

合的屏门，平日里是推开的，需要的时候装上长板门便是一间客堂。前客堂的二步梁上有一个家堂，上面摆满了陈家历代先祖的牌位。清明、冬至、年夜时总会打扫干净，供上香烛斋菜。可惜在十年浩劫中被拆毁。

碰到节庆，绞圈房里里外外则更热闹。每逢农历七月半，我们知美堂一门人都聚在绞圈房的前后客堂内摆上八仙桌，聚餐喝酒。吃罢后，要举行热闹隆重的“抬老爷”仪式，地点是在绞圈房的客堂内。我们家的张妙琴素来是个念佛婆，平日里都在客堂内“笃笃笃”敲着木鱼，这时候她和隔壁知美堂的徐四舍一起替“老爷”揩面换衣，四乡八邻的念佛婆们则都来念经帮忙。之后由宅上的几个青壮年抬着“老爷”，在阳灌泾庙庙界内的各个村宅游行。还有用银钩穿过手臂的，俗称“扎肉香”，下面有提着花篮的，有提着灯笼的，往往都是“血淋嗒滴”。这是青壮年为

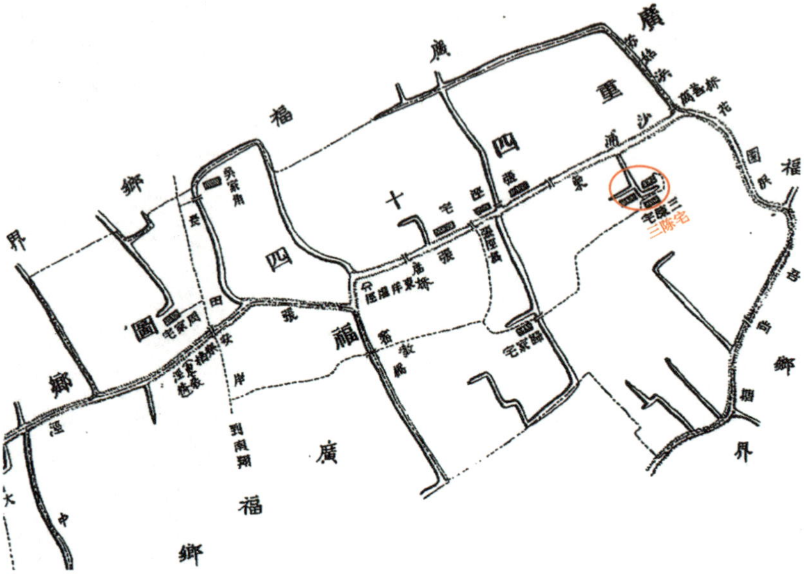

附图 19　三陈宅方位图

了出风头的行为。

看戏也是七月半的一大乐事，在绞圈房南侧门口的场地上，用门板、长凳搭台唱戏，请上海草台班子来演出《阿必大》《陆雅臣》《借黄糠》等老戏。

正月十五出灯，本宅也有自己的特色。宅上没有甩龙灯的，只有点塔灯，通常由陈学良做发起人，在我家绞圈房的门口竖起一根高旗杆，每家人家凡有一个男丁便出一盏灯，上面写上自家的堂名和男丁名字，如“知美堂陈祥元”，祈祷节节高。孩子们都由父辈用竹篾或芦苇做兔子灯、西瓜灯等。

抗日战争中，三陈宅地处蕰藻浜、杨泾附近，是战略前线，全村房屋尽毁，绞圈房也被拆毁，大半用作建筑工事，甚为可惜。当时绞圈房还做过战时指挥部，挖过防空洞（新中国成立后防空洞便填没了）。时局平稳后，长辈们陆续回迁，那时候有两家没有男性子嗣，老人过世后，房屋便传了人家（嘉定风俗：无嗣者房产传给叔侄），故而未重整房屋成一绞圈。

20 世纪 80 年代，历经六代人，有着 110 多年历史的绞圈房被拆去，建成了新楼房。我出生的时候老房子已经不在了，但祖母时常会和我讲起过去发生在老宅中的一些故事。家里留存着的不少老物件也无声地诉说着过往的岁月。

过去因为田地充裕，所以家中出去闯荡的人很少，都是些老实本分的农民，我们堂里的风气很好，敦亲睦族，人与人之间相处和善，几位长辈都是全村口口相传的典范。

四世祖陈公永明的娘子张妙琴，终日吃斋念佛，抗战中对小叔（陈凤明）家的孤儿寡母视如己出，做事时事无巨细，待人宽厚，103 岁终老，是远近闻名的“张老太”。

同为四世祖的陈公凤明，身材矮小，故而大家叫他“小老头子”。他勤劳上进，人又能干机灵，积累了一定的财富。1934 年，他仅 24 岁便过世了，过世前已凭一己之力在绞圈房子西侧建了一幢建筑高耸、屋架挺括的五间堂，那是当时村中建筑最好的房子。

云娣女，出嫁前在家操持内务，将家庭打理得井井有条，出嫁后也不忘娘家人，常回娘家探望，人称“小阿娘”，是个“佳人头”。

我的叔公陈培良、陈国良，自幼聪颖，都是宅中早期的大学生。到今天我们小辈绝大多数都是大学生。

150 多年中，知美堂里的风风雨雨、人情滋味、敦亲睦族有过太多太多，我所记录的只是只言片语。今天，村子已经历经了拆迁，大家都已各散东西，但血脉是难以割断的。“知美丑、辨善恶”的家风家训，更会一代又一代地传下去。

作者简介：陈晓刚，生于1996年，长于南翔农村，自幼对传统文化及古建筑有着浓厚兴趣，初中毕业后入上海戏曲学校（上海评弹团）学习评弹。现于大学专科学习室内设计专业。平时遍访嘉定地区的传统民居，痴迷于传统民居中的建筑艺术和生活痕迹，是嘉定区文物保护志愿者。多次在《古建与民俗》《嘉定报》等报刊发表传统建筑简要介绍，以唤起大家对本土传统建筑的保护意识，是嘉定地区的一个小“老人”。

嘉定徐氏积善堂

陈晓刚

嘉定地区的绞圈房，习惯上称为“一绞圈”，两个绞圈则称为“双绞圈”，两个以上称“× 埭进深”。目前嘉定地区保存相对完好的传统民居已是凤毛麟角，保存完好的绞圈房更是仅有 4 处，分别是华亭镇唐行毛桥村许氏余庆堂住宅、马陆镇戬浜大裕村徐氏积善堂住宅、嘉定工业区娄塘的陈氏住宅和娄东村的袁氏住宅。其中前两处保存完好，具有一定的地方特色与保护价值。

徐氏积善堂，位于嘉定区嘉定新城（马陆镇）大裕村徐家堰村民组，始建于清道光至咸丰年间。建筑坐北朝南，面宽三间，砖木结构平房，绞圈形制，二进深，悬山式（东侧落檐已拆除），显堂脊，“文革”中灰塑损毁，小青瓦屋面（附图 20）。

前埭三间房屋，正中为墙门间，穿过墙门间，回过身来能看到整幢建筑最精致的部分墙门头。这是一座锦衣架的仪门，屋檐歇山式，正脊是哺鸡脊，这是较为高等级的屋脊样式（附图 21）。

垂脊的飞檐高高翘起，两垂脊前端都有泥塑，可惜已经损毁。上枋塑花卉，象征百花齐放、万物回春。下枋泥塑着“狮子滚绣球”，狮子为古代中国人民心目中的瑞兽，绣球是用纺织品仿绣球花制作的圆球，被视为吉祥喜庆之物，寓意吉祥喜庆，同时也是作为守护装饰和辟邪之用，也是权势的象征。两边倒挂花篮柱头，中枋置字碑，楷书“增荣益誉”额，形体方正，隽永秀丽。学而优则仕，是过去耕读人家光宗耀祖的愿景与理想，正如

附图 20　积善堂俯拍图

附图 21　墙门间

孔子所说："默而识之，学而不厌，诲人不倦。"而门楹所雕刻的"鲤鱼跳龙门"，则是传说鲤鱼跳过龙门，就会变化成龙，比喻中举、升官等飞黄腾达之事。与题额相互印证，更是过去读书人的毕生追求。中枋和下枋兜肚内的泥塑已经损毁，留下的是两侧的如意钩，简单却又繁复。科举考试虽然已经离我们远去，但读书学礼仍是我们增加知识面、品味真善美、逆流前进、奋发向上的必经之路。下枋为如意钩，而精致细腻的装饰在内，展现了嘉定人内敛质朴的品格。

穿过已经铺设水泥的天井往里便是正埭，分为客堂间、东次间和西次间。客堂七路进深，23 豁，正桁的正中镶嵌着铜皮制作的中科，那是一个三联的方胜组合，三个菱形压角相叠组成的图案或纹样。胜原为古代汉族神话中西王母所戴的发饰，通常寓意为吉祥如意。两端还压制成"瓶升三戟"的图案，同样寓意着官运亨通、平升三级。在每根桁条与柱子的连接处还镶有机头，雕刻着"如意铜钱"与"瓶升三戟"，简约而不简单。

客堂两边是蝴蝶门，蝴蝶门上方的夹堂板，雕刻着扇面的图案，体现了读书人恬淡的品行。正埭的屋脊为显堂脊，中间泥塑为状元游街，两端瓦箍头为寿桃，寓意长寿吉祥。

嘉定地区的传统民居一般较少采用夸张的装饰艺术，大多素面朝天。建筑装饰一般在房屋外部是看不到的，故而在嘉定只有当你成为座上宾，在客堂间落座时，一眼望出去能看到的装饰便是整幢房屋的精华之所在。质朴内敛，不显山露水，是嘉定人浸润了 800 年教化所拥有的独特浓厚的人文气质。

绞圈房的回忆

曹琪能

我家的老宅，在浦东北蔡镇乡下，房子为传统的绞圈房。屋子前面为张家浜，而宅子却深陷在凹字形的园沟内，七间堂三埭两庭心的绞圈房，非常气派。前排中间为墙门间，二进客堂曰“新禄堂”，三进客堂曰“九如堂”。整个绞圈房布局十分严谨，门对门，窗对窗，外墙为竹篱笆，而内墙均有考究的洋松作护壁板，长方形的大庭心是绞圈房内族人活动的中心，大墙门一关，整个老宅固若金汤。

我家辈份最小，所以住在绞圈房的西南角。也由于家中数代人丁不旺，所以都空着房子。记得小时候那西厢房叫“厢房客堂”，靠西墙是个大条案，上供有观音和财神，半人高的蜡杆架陪着半人高的青花瓷大花瓶，卖相十足；前方的双拼八仙桌、成堂的太师椅，则是家中接待宾客的地方。我就出生在这座宅院内。据家谱记载，我的先祖原住在南汇横沔黄家楼下金家嘴角，清嘉庆初年因水患迁徙到北蔡。传说我的始祖公携三子在迁北蔡途中，小船摇到张家浜，中午船上行灶烧饭，饭后船舷旁浜内汰碗，不慎将饭碗掉入河内。而先祖则认为，冥冥之中，天有所定，此乃衣食饭碗所在之地，遂上岸买田造屋，定居有 200 余年，绵延九代。

光绪二十一年（1895），太祖父桂生公入赘我家，育有五女，为生儿子传宗接代，于光绪季年迎娶第二房姨太太马氏，遂在祖宗造的一埭七间堂的基础上，增建门埭和东西厢房，遂成绞圈，以安顿二房。谁知二姨太久不生养，甚为憾事，遂成心病。其时太祖公在上海王家码头开布庄，生意颇为兴隆。某日见邻家梁公馆丫鬟长相标致又年轻，即又生纳妾之意，遂委媒说合于梁家，以 150 块大洋娶回家，是为三姨太李氏。越二年，三房妻妾颇多口舌，太祖父一狠心准备造新宅，谁知经几位风水先生察看，均找不到理想的建房宅基，无奈之下在原门埭的基础上增建前埭，遂成三埭两庭心的双绞圈一座（附图 22）。

新建成的绞圈房吸收了中国传统建筑规划的风水理念“东青龙，西白虎，南朱雀，北玄武”的传统格局，三房妻妾一房一埭，和谐地生活在绞圈房内相安无事。绞圈房除了墙门间作为红白喜事大门进出，每家都有边门出入，里边房与房也有腰门连通，整个绞圈房内充斥着一股有分有合、敬祖崇宗、尊师重教的传统宗族观念。从外部的整体轮廓来看，绞圈房建筑是呈现向心性的，一座单独的绞圈房就是一个家族的凝聚中心，生活着同一宗族的子孙后代，其关系为父母、兄弟姐妹、叔伯侄等宗亲关系。其祖辈是相同的，长辈的权力是至上的，绞圈房内相聚而居，财产共同使用，族内祭祖迎神的活动男女老少一同参加，是血缘家长制的真实体现。而其内部构造更是证明了伦理制的权威性，其构造层次分明，等级不可逾越，客堂为整幢绞圈房的核心，客堂东侧辈位最高，西则次之；门埭墙门间朝南靠东为大，朝西南为小，其余依辈分排定，强调了聚族而居要遵守的尊卑秩序。同时，在绞圈房的中心位置为一大庭心，作为绞圈房的活动中枢，足可见家族的向心力和统一性。

我小时候，父母都在外面工作，就把刚出生不久的我扔给

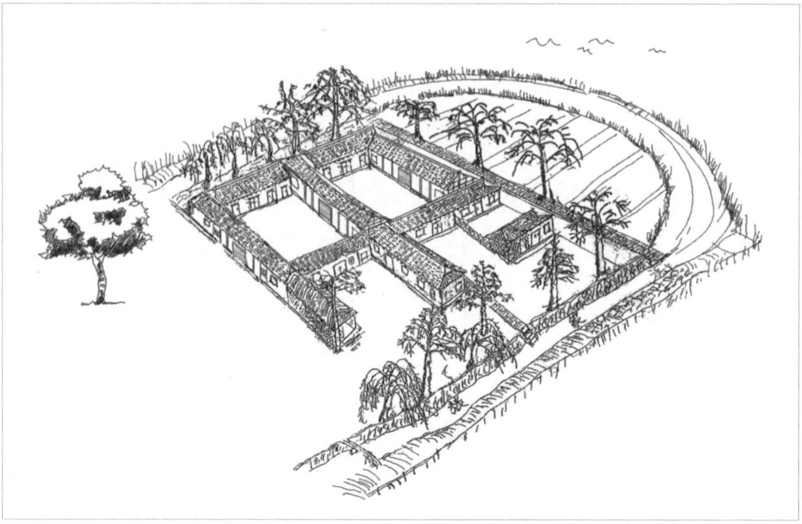

附图 22　三埭两庭心的双绞圈手绘图

我的太祖母抚养。我的太祖母是个很苦命的女人，生于清光绪二十一年（1895），17 岁那年成了我太祖父的第三房姨太太，三女共侍一夫。太祖父仅活了 49 岁，三个女人都成了孤孀，而我太祖母当时才 29 岁。唯一的女儿又在出嫁 6 个月 18 天后去世，人生之苦让我这个太祖母悲痛欲绝，孤苦伶仃的她每天生活在绝望与无奈之中。

我的到来对太祖母来讲，似乎于绝望之中看到了一丝希望，她将全部的、深深的爱都倾注在了我的身上，尽管我是她的玄孙。

那时候，绞圈房内已有四户同宗同族的人家，同辈的小孩有 28 个，所以墙门间东侧墙上排有值日表，分别由这些孩子负责每天开关墙门，打扫墙门间、前后庭心、前后客堂，孩子们也认真，整座老宅干干净净、一尘不染。

从我记事起，嫡出的新任宅长的家风家教颇为严格，均按古例行事。凡有亲戚来往，必走墙门间；红白喜事更是严谨，前后客堂排香案台来不得半点马虎，都要做好标记，以防差错。

1987 年，我的太祖母病倒了，春节后，正月二十五日那一天她走了，临走前她对我说："我这次怕是不能上岸了，我走后你要好好地照顾自己，毕竟你还小。"那一年我 27 岁，整整一年我都没法从悲伤中走出来。太祖母死了，以 92 岁的高龄寿终正寝在绞圈房的正房内。按古例得停柩于客堂间接受亲朋好友的瞻拜，可我那宅长祖母以太祖母身份卑微而阻挠遗体进客堂间，为此家族内爆发了一场伦理道德大战。我母亲拼了命坚持着，最后终于让太祖母赢得了身后的荣誉，风风光光地从客堂间经墙门间体体面面地出殡。母亲拼命换来的后果，祖母至死也未能原谅她，认为她破坏了绞圈房内的尊卑风俗。为此，伤心的母亲再也不想回老家。

几年后，老家的绞圈房也让族亲给惦记上了，不断地派人来游说我母亲，终于有一天不耐烦此事的母亲，以极低的价卖给了族亲。太祖母死了，老宅也卖了，我的故乡也没有了。若干年后，因堂兄家有喜事，我回了趟老家，发现生我养我的老宅绞圈房已被拆光了，取而代之的是一片新楼房。承载了我心中念想的传统绞圈房就此只存在于虚无缥缈的梦里，那种不可名状的落寞，让我感觉到即便双脚踏上了那片土地，也回不到故乡了。

作者简介：曹琪能，字轶才，号东烘，上海浦东新区三林塘人。近十年来，以记录、弘扬传承浦东地区的民俗文化为己任，让三林舞龙、三林刺绣、三林塘庙会等传统项目获得了不同级别的非物质文化遗产称号。现为浦东新区文史学会会员、上海石库门研究中心会员、上海筷箸文化促进会会员。著有《三林风情》《三林古镇》《三林刺绣针法考》《崇福遗风》《三林乡韵》《西林八景》等。

家住镇上的绞圈房子

李　东

我多年前开始关注上海的乡土风貌，对附近的文物古迹历史建筑一一加以探访，其中别具一格的绞圈房引起了大家的关注。随后一些志趣相近者结伴，借助卫星地图，发现了更多的绞圈房。虽然时下绞圈房还没有得到精确的定义，所见完整无缺的也较为稀少，但已经引起了各方面的重视。我们不仅专门在微信组群讨论，还召开了几次研讨会。

绞圈房是一种具有鲜明特色的本土古建筑，随着时间和地域的变化，其名称多种多样，呈现的形式也略有差异。尽管特征明显的绞圈房在乡下较多，但镇上类似的建筑也不在少数，只是因土地资源的稀缺，各家各户之间的建筑相距甚近，可用犬牙交错来形容，外观上较难一眼看出，对老宅的称呼也没直接用“绞圈房”这个普遍使用的名称。按照绞圈房的基本特征来看，我前两年突然发现自家生活了一辈子的老宅居然也是一座绞圈房，整体建筑至今还比较完整，而且周围还有两座（附图 23）。

我家的绞圈房构建于太平天国运动之后的清同治年间，主人为陆恒兴花米行的老板陆慎堂，也就是我祖父的外公。如果算至我的下一代，该老宅内已经繁衍生息了六代人。祖宅位于原南汇县周浦镇咸塘东岸的南八灶，卫星地图上可以看到俯视图，是名副其实的绞圈房。当年南八灶沿街都是较有实力的花米行，东八灶和南八灶地区是浦东传统的粮棉集散中心。祖宅为坐北朝南偏

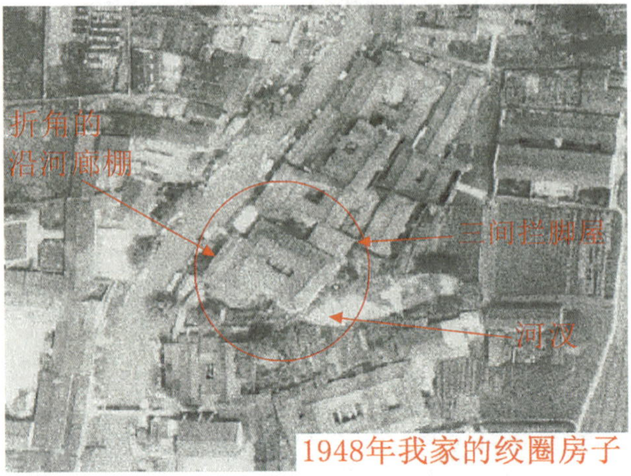

附图 23　1948 年航拍绞圈房

西南的七开间一厢房绞圈房，后面东侧带有三间拦脚屋，东南有与咸塘港相通的护宅河汊，前埭东侧的落叶间的沿河窗户设有美人靠，东厢房地板下空间有半人多高，儿时见有胆大者能轻易钻入其中。因开间多、厢房少，它不是方方正正的绞圈房，这是集镇上土地资源相对稀缺而导致的，其狭长的天井在民间被称为“棺材天井”，不过以前人们对“棺材”二字不仅毫不忌讳，而且还颇为自得。据称陆老太爷家的堂名为常见的“余庆堂”，客堂中原有雕刻精美的看枋，因无实际功能老早就被拆去换钱。客堂设有落地长门，堂前空间为有廊柱支撑的前廊，现虽已经彻底被改建，但留有部分老照片还能见到当年的模样。庭心间的铺地主要材料为缸爿，在青砖的分割下，一块块各不相同的几何图案颇具特色。

随着时间推移，宅中人口数量逐渐增多，与所有人家一样，陆家的绞圈房不再是独门独户专用，而是被后代不断分割继承。因陆老太爷没有儿子，只得把房产均分给四个女儿与一个嗣子

（侄子），其清光绪二十一年（1895）的房产分割单我至今还保存着。值得注意的是，尽管后埭正中还是客堂间，依然面向南（北侧顾家的客堂间是面向西的）。由100多年前的房产分割单得知，那时镇上已不再如乡下那样正规，不仅没有“绞圈房”的称呼，前埭、门埭、后埭等称呼有所混乱，而且把沿街的西厢房称作了墙门间，因为那里不仅是做生意的门面房，也是大家的主要出入通道。另外，祖宅附属建筑中还包括拦脚屋、街上的廊棚和咸塘港上的石水桥。

一转眼150多年过去了，这期间无论是社会的大环境还是家庭的小环境都发生了天翻地覆的变化，祖宅的整体外观虽然没发生多少改变，但其内部产权却呈现了多样化，其中一部分还变成了公房。居住者虽没有72家房客般夸张，却也有10多家。50年前，归属于我父亲名分的只有后埭东侧的次间与落叶间，同时居住在这里的还有我祖父，而祖母与大伯一家生活在西侧的主间和客堂间的一部分。

自小生活在祖宅中，我经历和目睹了客堂间的分割，房间内部的小修小改，包括封堵腰门，拆除室板砌砖墙，改建蠡壳窗，拆去腐烂的木地板浇筑水泥地，以及最后为翻建楼房而拆去落叶间。

我家的落叶间当中用木板一隔为二，后面半间为木地板的房间，前面是泥地的灶间。灶台上有三个锅和一个汤罐，属于比较大型的土灶，主要燃料是砻糠，边上配有一个木风箱，拉风箱曾是我们觉得非常好玩的一件事。灶间外搭有一披间，专门用来堆放砻糠，每一次买砻糠都是买一整船，有专人送货上门。我祖母说解放周浦时，解放军曾经借用大灶来做饭。而我们小时候在大灶上挖饭糍、灶膛内烘山芋以及柴间中躲猫猫的情景，如今还都历历在目。其中印象最深的是灶前头的一只烧火凳，它不是中规中矩的矮板凳，而是随大灶后面一样的弯曲。等我们稍大，大家庭解体，各家各户独立开伙仓，立时就拆除了大灶，灶间改成了吃饭间，原在次间的吃饭间则改成了房间，从此那狭长的过弄内一字排开了几只煤球炉。

我弟兄共三人，哥哥结婚的婚房还是在祖宅的次间内，我与弟弟挤在一小间内，为求得独立性，我就打起了阁楼的主意。阁楼上常年堆放着蒙了厚厚一层灰的杂物，我从中清理出一定的空间并做了一些隔断，安放一张单人床，搁起一张写字台，墙上糊上旧报纸。小房间虽然有了，只是阁楼上没有自然光，也不可能老开着电灯，于是我就自己动手在屋顶上开了一个天窗。等扒开屋顶才发现，上面不仅仅是一层板和瓦片，而是有两层，原来这里是后埭与厢房屋顶的叠加处。处理这个天窗着实费了我一番心思，因此也就留下了特别深的印象。

到我们工作后，因为私人住房问题要靠自家解决，所以先是在祖宅东侧的园地上建起了两间平房，后为改建楼房，无奈拆除了落叶间，原本完整的绞圈房终于缺损了一个角。记得当年虽然请来了民工，但为让旧料不至于过分损坏，我还是得自己上屋顶仔细卸下瓦片横板。因为是落叶间，椽子和梁木数量多，而且大多不规则，拆时得格外小心，一个个长短不一的瓜柱因没用处又舍不得扔，在一边堆放了好久好久。后听说这落叶间的梁木结构是主埭与厢房复杂的连接处，也就是绞圈房“绞”字的来源（附图 24）。

独具特色的绞圈房有一个生成、发展、风行、演变以及败落

附图 24　2018 年航拍图

的过程，我家的祖宅是集镇中的绞圈房，与广大农村中大量消失和正在消失的绞圈房一样，其最终消亡的命运也是不可避免的。我们很难做到让绞圈房永久保存，只能尽力留下一些记忆，让更多的人知道，曾经有过这样的绞圈房，有过这样的绞圈房生活。

作者简介：李东，字韶翊，1965 年出生于绞圈房中。世居浦东周浦镇。原为大型国企职工，平时爱好读书和旅游，更喜乡土民俗文化，尤其对本地现存文物古迹情有独钟，几乎走遍浦东的角角落落，获得不少第一手资料。有感于南汇县被撤，以“南汇乡土”之名陆续在新浪发表游记 2000 篇，留下一串杂乱无章、深浅不一的脚印，并由此结识了一批志趣相近者，其中不乏专家学者，从中获益匪浅，如今依然在不断的探访和学习中。

我家绞圈房的特色

朱礽绥

在1851至1864年之间，太平军进军浙江。为避战乱，我家祖上由宁波慈溪裘市镇迁至青浦，并学习中医药，后来在青浦华新镇（又名凤溪镇，后名观音堂镇）定居。因家业日趋发达，且生有两子，便在镇上和近镇边处买地各建规模相当、造型稍有差异的二幢围合式绞圈房。这里介绍的是近镇边的那幢。那幢房子大概已有150年历史，于1958至1962年之间拆除。我自小就生活在那幢房屋内，因当时年少，且时隔60余年，如今能回忆起来的也就寥寥无几了。

我家绞圈房有这样几个建筑特点：

一是用料精良，建造得坚固结实，有仪门和挂堂匾，房屋均有6个天井（附图25）。天井铺地均为花岗岩石板铺设，回廊一圈有花岗石台阶和花岗石明沟。天井主要功能为通风、采光和排水。

二是绞圈房本是围合式的，我家的绞圈房外加围护外墙，主要是为了避战乱和防盗贼。围墙约有7米高，墙厚有60厘米，均用青瓦砌作，内外设有护墙铁板，拉筋铆固，十分坚固。

三是外墙面的南墙面上，设离地5米左右的六角形瞭望窗，其他均靠天井采光、通风。有三个出口，分别位于墙门间和客堂北侧长天井两边。石柱门框的门扇用厚实硬木砌口和横梢长筋拼接而成，外包有钢板铆钉（附图26）。

四是室内均为水磨方砖铺地，也有因办喜事把新房间改为木地板的。除主客堂外，其余各客室均设有阁楼（铺上阁板），可储藏物件并保温。大天井四周有连通回廊。

五是房屋后排的杂屋在本地被称呼为“小屋”，可用作灶间、储藏室、衣具室或雇佣人员的宿舍等。

围合式房屋特点就是紧凑，同样建筑占地面积少，一家人群居，相互之间照顾、交流方便。外围墙高大，对防匪和防盗贼非常有利。外围墙厚实，除客堂外，均有阁楼，整幢房屋各室冬暖夏凉。在长天井和大天井内各设有一口水井，用水、防火极为有利。这些是绞圈房的优点。

绞圈房也有缺点。自小我居住在这种建筑内，阳光较少，冬天主要在南侧墙门间外的高墙下晒太阳取暖，夏天也在墙门间乘凉（有穿堂风）。光线不足，尤其是阴天，光靠天井采光有缺陷。同学经常被拒之门外，居住十分闭塞孤独，与同龄的小朋友交流较少。

作者简介：朱祁绥，现年78岁，出生于青浦县凤溪镇的绞圈房中，大学毕业后，在上海沪闵建筑设计院工作，历任室主任、副院长、总建筑师，国家一级注册建筑师。2001年退休，单位续聘，2007年离开原单位，由上海广厦建筑设计院聘任总建筑师。

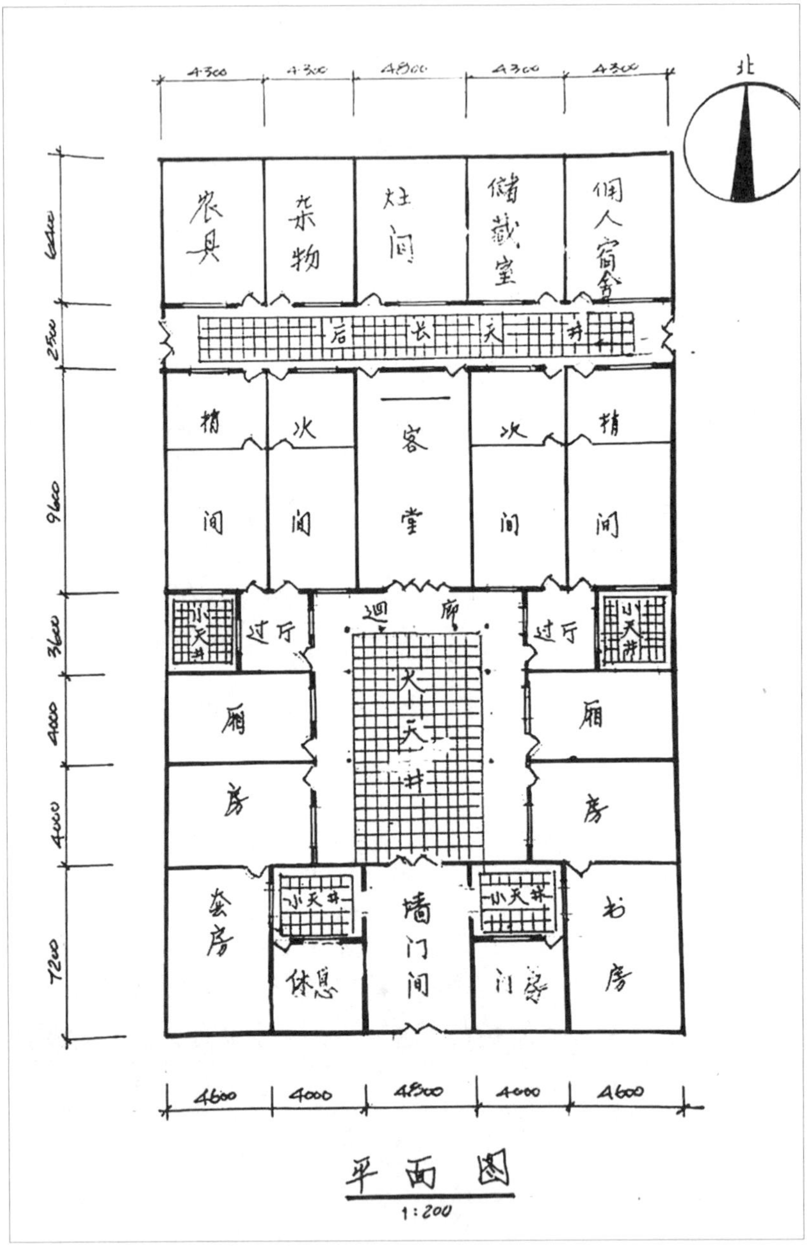

附图 25　围合式绞圈房平面图

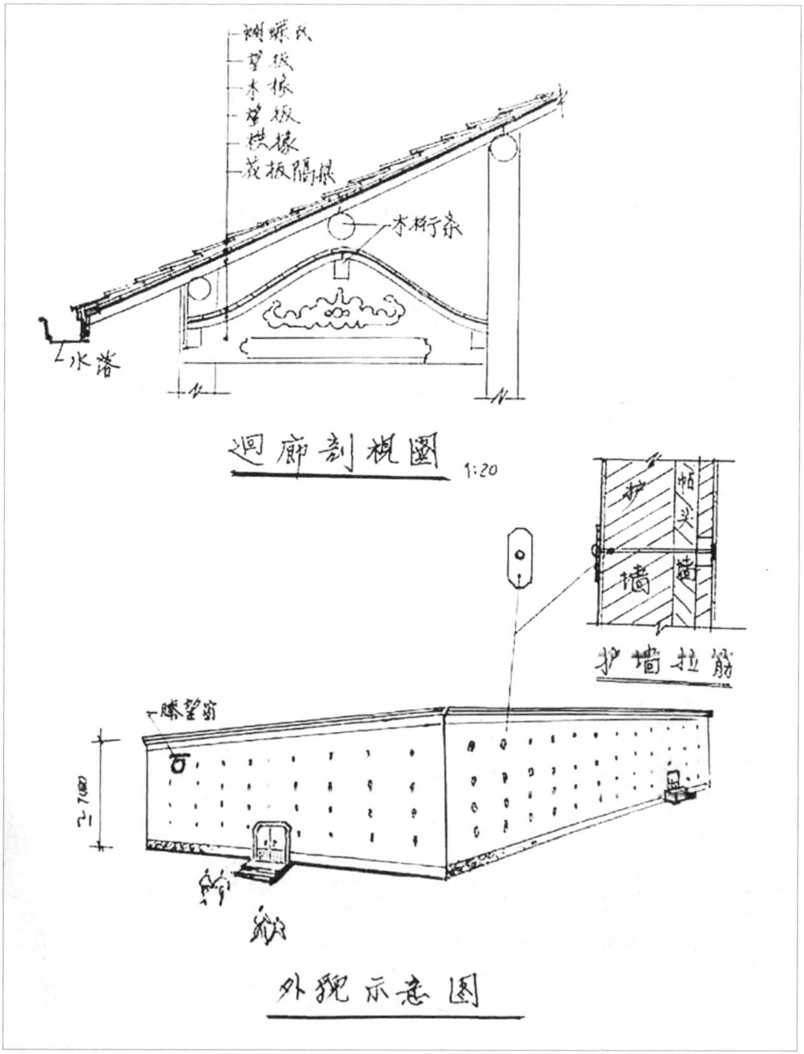

附图 26　围合式绞圈房示意图

请给上海本地老房子一席之地

最近，随着上海迪士尼乐园正式开园，迪士尼乐园的第二期工程也正式启动。扩建在即，其周围的旧房简屋免不了要大规模地拆迁，为此我们呼吁：引进迪士尼，莫忘老祖宗，请给地处迪士尼乐园近旁、周祝公路棋杆村平桥517号的具有本地建筑特色的老房子——顾（梦生）家绞圈房一席之地。

经过有关专家和有识人士的论证，真正的上海本地的老房子不是石库门，而是绞圈房。石库门是19世纪中叶上海开埠后渐渐形成的，它成为近代上海民居的象征不过100来年历史，而绞圈房子已有三四百年历史。史料显示，上海市区和广大郊区都存在过绞圈房，历史上它曾经是具有代表性的上海民居。而近代的上海石库门建筑其实脱胎于绞圈房。

绞圈房既有江南庭院的特色，又有滨海城镇的建筑特点。它一般有三大建筑特点：一是四面有房，绞圈而建；二是左右对称，庭心居中；三是悬山造型，黛瓦粉墙。绞圈房子从平面看，似乎低矮陈旧，无甚特色，但若居高而望，从空中俯视，便可清楚地看到“绞圈”特色。整个建筑呈现一个巨大的米斗状，象征着家族日进斗米，兴旺发达。绞圈房是一个很有美感的建筑式样，是不可复制的具有上海建筑特色的历史文物。

我们是一群热爱海派文化、珍惜本土文化的人士，其中有建筑专家、学者和收藏家，有的本身就出生于绞圈房中。近年来热心游走于上海大街小巷，我们非常遗憾地发现在旧房改造和城镇化的浪潮中，上海市区完整的绞圈房基本消失殆尽，郊区的绞圈房也是凤毛麟角，而紧挨迪士尼乐园的顾家五开间绞圈房是迄今为止所发现的比较典型而且保存完好的绞圈房。

据《顾氏宗谱》记载，顾家绞圈房五开间四厢房，是标准的上海绞圈房。它不仅具有绞圈房的典型建筑特点——墙门间、庭心、客堂中线排列，左右厢房对称分布，青砖地面，粉墙立面，而且它还保存着灶头间和腰沓门，外墙饰有戗篱笆，客堂窗棂有花雕，主梁上有状如官帽的装饰。

上海石库门建筑近几年已保存了不少，还建有上海石库门屋里厢博物馆，但是上海本地的老房子绞圈房却处于湮灭境地。

总之，现在为数不多的绞圈房正面临着“生存还是死亡”的严峻问题。为了保护老房子历史文化遗产，传承海派文化，上海应尽快从遗存的绞圈房中筹设一个“上海绞圈房博物馆”。绞圈房应该与石库门一样，成为我们海派文化的珍贵遗产，我们理当要珍惜、保护硕果仅存的绞圈房！保护绞圈房，时不我待啊！

朱亚夫 褚半农 陆邵明 李东 冯国鄞 朱渊澄

后 记

常言道：月是故乡明，水是故乡清。故乡的山水，故宅的面貌，时时萦绕心间。岁月会流逝，人事常代谢，但乡愁却像好酒一样，经陈年而更醇香。七年前，我偶然间读到绞圈房的文字和图样时，感觉就像一根火柴燃起，满屋亮堂，儿时在绞圈房中生活的情景，一股脑儿地涌到眼前，就此一发不可收拾，走上了探索海派源头，追寻城市记忆的道路。

这本小书，就是我们努力了七年多的成果。我们俩一个是作家，一个是建筑档案专家，对绞圈房情有独钟。朱亚夫于2012年8月1日在《新民晚报》写了《忘勿脱老宅“绞圈房子”》后，从此再也忘不掉绞圈房，曾在报刊先后写了30多篇文章。他第一个倡议成立“上海绞圈房博物馆”，提出“上海石库门脱胎于绞圈房”的论断，执笔撰写《请给上海本地老房子一席之地》的呼吁书，要求有关部门保护周浦棋杆村的顾宅绞圈房，在网上致力于绞圈房的调查和资料（故事）征集。娄承浩积极关注绞圈房，组织社会各界人员考察绞圈房；并代表石库门文化研究中心组织召开绞圈房座谈会，举办绞圈房研讨会。他通过新浪微博发出博文《大家来议绞圈房》《绞圈房焦点问题的思考》，网上阅读量达上万。他还撰写《上海绞圈房寻真：中国传统民居与上海绞圈房及石库门》发表在《H+A 华建筑》专业杂志上。现在我俩联手写书，无非是想为我们城市的记忆添上一抹不走样的色彩。既是色彩，便希望生动活泼些、颜色光鲜点、接地扎实点；但色彩不可失真，更不能走样，否则误人子弟。我们把自己的探索和思考，如实地奉献出来，期望在人生的晚年，能为自己世代居住的城市，提供一些记忆，留下一些印迹。

本书所讲的绞圈房，是根据现在的上海市行政区域划分，其实在历史上它所涉及的有江苏东部、浙江北部和上海本土。

本书共分六章，导言、前三章主要讲上海绞圈房的来历、特征及其与石库门的关系，由娄承浩执笔；后三章主要讲上海绞圈房的现状、人文故事和文化空间，由朱亚夫执笔。附录部分，是部分绞圈房居住者的后人和知情者写的绞圈房实录。全书由朱亚夫组稿，娄承浩通稿。

本书承蒙《新民晚报》记者董纯蕾热心牵线，摄影记者许明、蔡黄浩以及余鸽无偿提供了所拍的绞圈房航拍照片，让广大读者能欣赏到绞圈房的倩影，在此拜谢！上海交通大学教授冯国鄞女士，多次组织绞圈房的考察、研讨活动，并发起建立绞圈房微信群，热心联系媒体、电影制片厂，对推动上海绞圈房的宣传和保护，功不可没。自小生长于绞圈房中的朱妙弟先生关心本书的写作，提出了许多宝贵意见，对此深表谢意。还有绞圈房爱好者“南汇乡土”（李东）、蔡小鸥等将自己辛苦拍得的美照，提供给我们配图，以及其他或多或少给予我们支持和鼓励的朋友，在此一并致谢！还要感谢上海牧神文化传媒有限公司编辑慧眼识珠，热心推介，感谢本书责编林凡凡，她勤于职守，认真审校，细心把关，才使这本书终于问世。

上海绞圈房是一座丰富的矿藏，我们的一本小书不可能穷尽，因此我们愿意以此抛砖引玉，期盼更多的朋友关注绞圈房，宣传绞圈房，保护绞圈房，并对我们的拙著不吝指教。谢谢！

朱亚夫

2019 年春于紫来斋

参考书目

1．刘惠吾：《上海近代史（上）》，华东师范大学出版社，1985 年 1 月
2．郑祖安：《百年上海城》，学林出版社，1999 年 4 月
3．王孝俭主编：《上海县志》，上海人民出版社，1993 年 7 月
4.《徐汇区地名志》，上海辞书出版社，2012 年 1 月
5．马长林：《上海的租界》，天津教育出版社，2009 年 1 月
6.《中国建筑史》编写组：《中国建筑史（第二版）》，中国建筑工业出版社，1986 年 7 月
7．刘敦桢：《中国住宅概说》，百花文艺出版社，2004 年 4 月
8．薛顺生、娄承浩：《上海老建筑》，同济大学出版社，2002 年 2 月
9.《中国传统建筑解析与传承》，中国建筑工业出版社，2017 年 10 月
10．毛佳梁主编：《上海传统民居》，上海人民美术出版社，2005 年 9 月
11．王海松、宾慧中：《上海古建筑》，中国建筑工业出版社，2015 年
12．陈志华、楼庆西等：《中国古代建筑知识普及与传承系列丛书》，清华大学出版社，2010 年 5 月
13.《上海住宅建设志》，上海社会科学院出版社，1998 年 9 月
14.《上海通志》，上海人民出版社，2005 年 4 月
15.《虹口区区志》，上海社会科学院出版社，1999 年 2 月
16．梅占奎：《上海建筑秀》，学林出版社，2009 年 8 月
17．吴记甫：《沪上明清古宅》，上海书店出版社，2010 年 1 月
18．张伟：《沪渎旧影》，上海辞书出版社，2002 年 7 月
19．褚半农：《话说绞圈房子》，上海书店出版社，2017 年 12 月
20．唐国良：《浦东老地名》，上海社会科学院出版社，2007 年 1 月
21.《上海房地产志》，上海社会科学院出版社，1999 年 3 月
22.《上海辞典》，上海社会科学院出版社，1989 年 7 月
23.《上海之最》，上海人民出版社，1990 年 9 月
24.《画说上海生活细节》，学林出版社，2017 年 1 月
25．清葛元煦：《沪游杂记》，郑祖安整理，上海书店出版社，2009 年 7 月
26．陈无我：《老上海三十年见闻录》，上海书店出版社，1997 年 1 月

27．徐华龙主编：《上海风俗》，上海文艺出版社，2009 年 5 月
28．钱乃荣：《上海话大辞典》，上海辞书出版社，2008 年 12 月
29．《徐汇区志》，上海社会科学院出版社，1997 年 12 月
30．清钱大昕：《嘉定钱大昕全集》，凤凰出版社，2016 年 3 月
31．娄承浩、陶纬珺：《寻访上海古镇民居》，同济大学出版社，2017 年 4 月
32．苏州市房产管理局：《苏州古民居》，同济大学出版社，2004 年 7 月